Masacres fabricadas
y el desarme de la población

Milco Baute

Contenido

Prefacio

Puede que la idea de que alguien o un grupo de personas que tienen poder estén fabricando masacres a lo largo del país para desestabilizarlo o provocar un cambio en su Constitución y sus leyes le parezca descabellada, absurda, una teoría de conspiración de mal gusto, de confusión, de la opinión de un paranoico, etc. Aunque no tengo los hechos me basaré en la información recogida y la revelación divina, para dar lugar a esta exposición, que más que ayudarme, pudiera ponerme en riesgo. Pero Dios está en control y no temo mal alguno. Si Dios conmigo, quien contra mí, no temeré lo que pueda hacerme el hombre.

Mi afán no es hacerme famoso, lucrar con este libro ni ninguno de mis libros, porque no vivo de esto, ni me interesa la fama; prefiero pasar desapercibido y no meterme en problemas, pero no puedo callar ante las cosas que pasan, ante la injusticia, la maldad. Tengo un deber moral y espiritual de alertar, advertir y aconsejar a otros de los planes del enemigo de las almas, quien vino solo a robar, matar y destruir (Juan 10:10). No solo debo hablar de Dios, de su voluntad y de las Buenas Nuevas de Salvación para todos los seres humanos, sino también de sus juicios y de los planes del enemigo. Dar por gracia lo que por gracia es recibido es mi deber y el propósito para lo que Dios me creó (Mateo 10:8).

He tenido revelaciones en sueños, meditando y en mi comunión con Dios, y me he dado a la tarea de escribir todo lo que se, basado en lo vivido, lo que he descubierto y lo que Dios me ha dicho. Si no conoces a Dios realmente, no entenderás mis palabras

Alguna vez se ha preguntado, por qué en Estados Unidos de América ocurren tantas masacres y tan frecuentes, por qué no en otros países del mundo donde comprar y poseer armas es legal. Es cierto que hay muchos crímenes y a veces varios muertos en un día en una sola ciudad de cualquier país del mundo. Por ejemplo, peleas entre pandillas, atracos, disturbios, etc. Pero en el caso de masacres en escuelas secundarias, colegios públicos o privados, iglesias, clubs y hasta conciertos, eso no se ve en ningún país del mundo. Y no me refiero a ataques terroristas, sino a matanzas hechas por individuos domésticos, en su mayoría sin récords criminales considerables o delitos graves. Todo eso es un plan maléfico bien pensado y organizado, que se está ejecutando desde hace tiempo en la nación americana, con el fin de borrar de la Constitución la Segunda Enmienda: El derecho a portar o poseer armas con esto se creará una nueva ley de "Control de Armas" con el propósito de desarmar a la población. Este es sin dudas, el primer paso para implantar una dictadura, pues con ésta se evita la creación de milicias o células militares a lo largo del país, dejando a la población indefensa, para someterlos, de lo contrario: perseguirlos, encarcelarlos o reprimirlos. En pocas palabras, la represión y la imposición de una dictadura sería más fácil con un pueblo desarmado.

Si usted piensa que eso es absurdo y nunca iría a pasar en EE. UU, porque es un país democrático, de leyes sólidas, de un historial heroico, impecable, con la mejor economía y el mejor ejército del mundo, eso lo sabemos. Eso también pensaron en otros países y no muy atrás en la historia, solo dele un vistazo a Venezuela, un país fructuoso, una economía sólida con abundantes recursos naturales, con el codiciado fósil llamado petróleo, primer exportador de petróleo en el continente, un nivel de vida alto. Y que es ahora: el país más pobre de América Latina porque la hambruna los está matando; algo típico de una dictadura (vieja estrategia comunista).

Ah, pero usted dirá: EE. UU no es Venezuela, si ya sé, también en Venezuela dijeron lo mismo con respecto a Cuba, que por 6 décadas está sufriendo una dictadura sin precedentes (la más larga en la historia), 6 décadas de limitaciones, hambre y represión. Si Venezuela no es Cuba y Venezuela hoy día está peor que Cuba, no dude usted que un día, luego de una o dos décadas de dictadura en EE. UU, llegue a estar peor que Venezuela. Porque no es lo mismo alimentar a 30 millones que a 300 millones, y sin en una dictadura, el estado es el que tiene el control, el poder absoluto, y es quien reparte, pues no dude que el hambre será mayor, porque aparte de ser una estrategia, el Socialismo es un modelo económico y social disfuncional, donde hay una mala administración, producto de que todo es del estado; el gobierno decide, el gobierno dirige, el gobierno distribuye. No hay incentivos económicos a nivel público, sino intereses políticos a nivel corporativo; algo así como socialismo para el pueblo, pero capitalismo para el estado.

¿Cómo se lleva a un país del primer mundo a una dictadura comunista?

Se crea un movimiento Progresista, se gana a la clase pobre (que siempre va a seguir pobre), cuando todos crean que ese es el mesías salvador ideológico, se sataniza a los conservadores y se le hace la guerra hasta destruirlos, despojándoles de la política y privándoles de sus derechos. Luego se unifican los poderes, haciendo tantas modificaciones a la Constitución hasta cambiarla completamente, a un mundo moderno en busca de la igualdad social (socialismo de siglo XXI), logrando la transición con el apoyo de las masas y los diversos partidos de la misma ideología (pues ya no existen los oponentes), se declara República Democrática Socialista (como China, que sigue siendo un imperio). ¡Y boom! ¡No hay quien los tumbe del trono! Pero eso toma tiempo, especialmente en países como EE. UU con una fuerte Constitución y una historia patriótica invulnerable, aunque no es imposible.

Solo hay que tratar de mantener desinformados a la población, comprando, sobornando y monopolizando los medios de prensa y de comunicación., el arte, la cultura, y el mundo del espectáculo.

En un país del tercer mundo es mucho más fácil, ejemplos: Cuba, Venezuela, Nicaragua, etc. Basta con ser político y ganar las elecciones con trampas, mentiras y falsas promesas. Luego establecer la dictadura es 1, 2 y 3 sin complicaciones. "Divide y Vencerás", "Promete y Ganarás". Pero esto no es algo nuevo, inventado ahora, ni idea mía. Esto es un plan que existía desde finales del siglo 18 en la mente de Lenin/1

Estas son ideas globalistas, donde se quiere imponer un gobierno mundial o global, con el control político, económico y religioso, un triple imperio con una dictadura mundial, con la alianza de países socialistas o de la nueva izquierda que está floreciendo, el islam y el sincretismo ideológico con el vaticano a la vanguardia, como base religiosa, y las grandes potencias, las grandes corporaciones, las Naciones Unidas, la OTAN, El Fondo Monetario Internacional, La Banca Mundial, la Comunidad Europea, y otras organizaciones e instituciones establecidas que se beneficiarían con esa dictadura mundial, ese gobierno global, con su Nuevo Orden planeado y preparado desde hace siglos.

Estados Unidos debe ser el comienzo de este NOM, por lo tanto, una dictadura impuesta con aparente democracia es el comienzo de ese gobierno global, en donde los ricos serían más ricos, junto con todos sus aliados. A esa elite globalista le interesa más que haya más pobres, más mediocres y más pobreza, para que las masas puedan ser mejor manipuladas y sometidas.

No se deje engañar, no hay peor ciego que el que no quiera ver. Si usted quieres saber más sobre el tema del Globalismo y el Nuevo Orden Mundial, le aconsejo lea mi libro con el mismo título, donde explico todos los detalles de estos planes, los eventos por ocurrir a la luz de las profecías y la verdad espiritual detrás de todo esto. /2

La cuestión no es controlar las armas o retirarlas de la venta, pues igual el criminal las adquiere ilegalmente, como ha pasado en la mayoría de los casos. El control debe ser sobre las personas que las adquiere, la persona que desee comprar el arma debe de llenar una aplicación y no ser vendida el mismo día, sin ser sometida esa aplicación a una revisión de los récords criminales y récord médicos, para saber si esta persona ha cometido algún delito o tiene algún trastorno mental o ha sufrido algún episodio psiquiátrico que haya sido registrado o tratado previamente. Es simple y más seguro para todos. En Japón, por ejemplo, comprar un arma es un proceso tan largo y tedioso que la gente prefiere ni comprarla.

En mi caso particular no creo en las armas, como no creo en la violencia ni en la venganza, estoy en las manos de Dios, dependo de Él, descanso en Él y confío en Él, quien me libra y me protege de todo mal. Tampoco temo a la muerte ni a lo por venir, no ando con incertidumbre ni me preocupo por lo que está pasando. Respeto a quien le guste las armas y se arme para defenderse, sea creyente o no. Es su derecho y su libre albedrío.

1.www.marxists.org/espanol/lenin/obras/1900s/1905-vii.htm

2.www.lulu.com/shop/milco-baute/el-globalismo-y-el-nuevo-orden-mundial/paperback/product-24120393.html

Características de las matanzas

Las matanzas o masacres que se han ejecutado tienen algunas características en común:

1. Son ejecutadas por individuos aparentemente sin delitos graves anteriores, casi todos de raza blanca, aunque hay casos de personas asiáticas o mestizas.

2. Ocurren por lo general en lugares donde predominan gente de raza blanca, o sea, el objetivo o las víctimas en su mayoría son blancas. Curioso es que estas matanzas no son hechas en barrios de gente de raza negra o del medio oriente o asiáticos; aunque en un país donde hay diversidad de culturas y nacionalidades, al que le tocó le tocó, pues las balas no tienen nombre o especificaciones de a quien matar. Y recuerde que hablo de matanzas, no de terrorismo.

3. Los individuos que ejecutan dichas matanzas son gente ordinaria o gente enferma, nunca hay profesionales que perdieron la cabeza, aunque hay casos que se han dado de disparos y asesinatos en centros de trabajo donde alguien fue despedido o ese empleado tuvo un problema, etc. Otro aspecto por destacar es que la mayoría de ellos son gente de raza blanca. ¿Será este el mejor perfil que buscan para culpar no solo a las armas sino a la raza?

4. Casi siempre esos individuos no tenían entrenamiento militar alguno. Por supuesto, son zombies creados, gente que ha sido manipulada, tal vez drogadictos, personas con trastornos psicológicos o de personalidad, gente viciada por la manipulación mediática, psicópatas, etc. Explicar los trastornos de personalidad como la psicopatía es muy complejo. Más difícil es entender el desarrollo estructural de la psicosis. A grandes rasgos, se entiende que estas cuestiones de la personalidad están ancladas en eventos de

la infancia y dinámicas familiares. Estas personas pueden tener un largo historial de traumas, abusos y frustraciones. Es por eso que hay personas más fáciles de manipular y llevarlas a cometer tales actos por su mentalidad y su perfil psicológico.

5. La prensa y los medios de difusión se basan más en la tragedia que en el victimario y el móvil que lo llevó a hacer semejante acto. El departamento de policía nunca explica el por qué ni como, solo dicen que no tienen más información por el momento, porque se está investigando. Pareciera que la investigación nunca termina o nunca se hace porque después de dos días, no se oye hablar más del tema. Todo lo que hablan es de las armas que uso y del armamento que se vende, porque esa es la propaganda anti-armas, echarles la culpa a las armas como si las armas mataran. En todo caso no matan las armas sino las balas o proyectiles, en el caso de que sea con armas de fuego. Recuerde que los medios en su mayoría son controlados y financiados por la izquierda política.

6. Nunca lo consideran un ataque terrorista ni aún llamarlo terrorismo doméstico, aunque haya sido un árabe o musulmán el victimario, a menos que haya anunciado con anterioridad que estaba involucrado con algún grupo terrorista o lo haya hecho en nombre de Alá o de ISIS. Tampoco lo consideran un ataque de odio o de racismo, a menos que haya sido un blanco contra un musulmán o grupo de musulmanes o de afroamericanos.

7. El AR-15 es el arma que reaparece cada vez que hay una masacre en EE. UU.

8. La mayoría de estas personas no tienen afiliación política o están registrados como demócratas. ¡Interesante eh!

No todos estos asesinos y psicópatas eran jóvenes violentos, antisociales, enajenados, drogadictos o viciados por alguna

influencia maligna o videos juegos o algo por el estilo, muchos eran gente común.

Wikipedia señala que los experimentos con uso de seres humanos se desarrollaron en la Guerra Fría y la Guerra de Corea. Se dio un gran impulso a programas del control de la mente con la aparición del "lavado de cerebro". Este tipo de investigación fue impulsado por la CIA, pues era importante el lavado de cerebro en la lucha contra el comunismo.

La hipnosis, las drogas, psicocirugía y sicoterapias, se combinaron para la búsqueda del suero de la verdad. El monstruoso experimento tenía como objetivo el crear un agente que jamás hablaría así fuese torturado o un agente que ni siquiera era consciente de que llevaba información secreta que se le proporcionaba en un estado mental alterado por medicamentos cada vez más sofisticados como el LSD, ketamina, y Psilocibina. La lobotomía y la implantación de electrodos fueron consideradas como métodos para la creación de un súper agente.

"Uno de los casos más notables de control mental consiste en el caso de una famosa modelo de la década del 40's y 50's llamado Candy Jones. En el libro, "El control de Candy Jones", el autor revisó horas de cintas grabadas por Candy Jones y su marido, que reveló un programa sistemático para crear, manipular y alterar personalidades.

Este tipo de investigación continuó hasta principios de los 70 por la propia CIA. John Marks, autor del mejor estudio de los experimentos de control mental de la CIA, hace la diferenciación sutil de que los testigos de la CIA en el Congreso no podrían decir la verdad porque previamente habrían sido manipulados mediante experimentos de control mental y alteración de la personalidad.

Ha habido rumores persistentes de investigación realizada por la Marina sobre telepatía. El más famoso de estos experimentos corresponde al submarino Nautilus con el que

se trataba de la detección de submarinos enemigos y la comunicación con un submarino sumergido. La telepatía es un problema en la transferencia de información en un entorno muy ruidoso. El control de la población fue la pasión de John C. Cutler, autor del horripilante experimento sobre la sífilis en Guatemala, pero la utilización de personas vivas en experimentos biomédicos no es de su exclusividad, Estados Unidos no sólo desarrolla proyectos como MKUTRA, sino experimentos como el control de la mente, el lavado de cerebros, el uso del suero de la verdad, los fenómenos parasíquicos. El objetivo es dominar a los seres humanos para dominar al mundo.

Proyecto MK Ultra

Cuando estuve en el servicio militar obligatorio en Cuba, en los años 80, me hice químico desgasificador, y aprendí mucho sobre química y el armamento químico. Aprendí que hay sustancias químicas que pueden dañar el cerebro temporal o permanentemente, aún sin conocimiento del sujeto o sin ser detectada, pues penetraba en el cerebro a través de la inhalación de gases en la atmósfera o incluso en el aire acondicionado de una instalación o vehículo. Estas sustancias podían causar locura, pánico, confusión, ataques impulsivos, alucinaciones, ceguera, etc.

Al buscar información para este libro: "Masacres fabricadas y el desarme de la población" y leer sobre el proyecto secreto MK Ultra que fue creado por la CIA en la década del 50, para usarlos en interrogatorios y torturas, me di cuenta que lo que había aprendido en el ejército no era algo que se usaba solo en la guerra, sino que se aplica secretamente en tiempo de paz y por diversas razones y beneficios de grupos políticos, organizaciones y entidades que operan en la sombra, creando sujetos zombis para convertirlos en máquinas de matar, cometer atentados, testificar en corte o simplemente manipularlos a través del control mental.

También es sabido que la CIA no es la única agencia de inteligencia, hay muchas agencias satélites encubiertas que operan bajo la sombrilla de la CIA y bajo la cobertura de grupos y partidos políticos, que operan en secreto sin conocimiento del Estado o gobierno actual.

*

Proyecto MK Ultra

El proyecto MK Ultra —a veces también conocido como programa de control mental de la CIA— fue el nombre en clave dado a un programa secreto e ilegal diseñado y ejecutado por la Agencia Central de Inteligencia de los Estados Unidos (CIA) para la experimentación en seres humanos. Estos ensayos en humanos estaban destinados a identificar y desarrollar nuevas sustancias y procedimientos para utilizarlos en interrogatorios y torturas, con el fin de debilitar al individuo y forzarlo a confesar a partir de técnicas de control mental. Fue organizado por la División de Inteligencia Científica de la CIA en coordinación con el Cuerpo Químico de la Dirección de Operaciones Especiales del Ejército de Estados Unidos. El programa se inició en la década de 1950, oficialmente sancionado en 1953, y no fue hasta 1964 cuando empezó a reducir paulatinamente sus actividades, reduciéndolas aún más en 1967 y descontinuado oficialmente en 1973. El programa estuvo dedicado a muchas actividades ilegales, en particular al uso de ciudadanos estadounidenses y canadienses como sujetos de prueba en contra de su voluntad, lo que llevó a cuestionar su legitimidad.367 MK Ultra utilizó diversas metodologías para manipular el estado mental de los sujetos de prueba, como la alteración de sus funciones cerebrales con la administración de drogas como LSD y otros productos químicos, la hipnosis, la privación sensorial, el aislamiento, diversas formas de tortura, y abusos verbales y sexuales.

El alcance de MK Ultra fue amplio, realizándose investigaciones en 80 instituciones, incluyendo 44 colleges y universidades, así como hospitales, cárceles y compañías farmacéuticas. Los operarios de la CIA utilizaban estas instituciones como fachada, aunque muchas veces los altos cargos de estos lugares eran conscientes de las actividades que la CIA realizaba. Años más tarde, la Corte Suprema de Estados Unidos definiría el programa de esta forma:

Preocupado por «la investigación y desarrollo de armas químicas, biológicas, radiológicas y materiales capaces de emplearse en operaciones clandestinas para el control del comportamiento humano», el programa consistió en 149 subproyectos que la agencia contrató a varias universidades, fundaciones dedicadas a la investigación e instituciones similares. Participaron al menos 80 instituciones y 185 investigadores privados. Debido a que la CIA financió MK Ultra indirectamente, muchas de las personas que participaban no sabían que se trataba de la agencia.

El proyecto MK Ultra atrajo la atención de la opinión pública en 1975, cuando el Comité Church del Congreso de Estados Unidos, que investigaba los abusos cometidos por los servicios de inteligencia en las décadas precedentes, y la Comisión Gerald Ford, investigaron las actividades de la CIA dentro de Estados Unidos. Sus esfuerzos se vieron obstaculizados por el director de la CIA, Richard Helms, que ordenó destruir todos los documentos sobre MK Ultra. Las investigaciones del Comité Church y la Comisión Rockefeller se tuvieron que basar en los testimonios jurados de participantes directos y en el pequeño número de documentos que sobrevivieron a los intentos de destrucción.

En 1977, una solicitud a la Ley por la Libertad de la Información permitió descubrir un fondo con 20.000 documentos relacionados con MK Ultra, que condujo a nuevas audiencias en el Senado ese mismo año.313 En julio de 2001, algunos restos residuales de información sobre MK Ultra que aún eran secretos fueron desclasificados.

Nombre

Es un criptónimo CIA en que el dígrafo MK representa al proyecto del Equipo de Servicios Técnicos de la CIA en los 1950s y los 1960s.

Orígenes

El programa MK Ultra se inició por orden de Allen Dulles, el director de la CIA, en 1953. El primer jefe del programa fue Sidney Gottlieb. El objetivo principal era producir una droga que obligara al sujeto a decir la verdad. Pero había aproximadamente 150 proyectos de investigación en el programa, y aún no se conoce el propósito de todos ellos.

Metas

La Agencia gastó decenas de millones de dólares de entonces en estudios para controlar o influenciar la mente humana, y así mejorar sus capacidades de extraer información de los individuos resistentes a los interrogatorios.

Algunos historiadores creen que crear un sujeto tipo "candidato manchú" a través de técnicas de "control mental" era una de las metas de MK-ULTRA y otros proyectos de la CIA relacionados. Alfred McCoy afirmó que la CIA trataba de enfocar la atención de los grandes medios de comunicación en estos "programas ridículos", para distraerlos de las metas primarias de ellos, las cuales eran desarrollar métodos eficaces de tortura e interrogatorio. Estos autores citan como un ejemplo, el hecho de que los manuales de interrogación KUBARK de la CIA se refieren a "estudios en la Universidad McGill", y la mayor parte de las técnicas a las que se refiere KUBARK son exactamente las mismas que Ewen Cameron usaba en sus sujetos de prueba (privación sensorial, drogas, aislamiento, etc.).

Un documento de 1955 de MK-ULTRA da indicios del estado y de la magnitud del esfuerzo; este documento da cuenta de un estudio con drogas que alteran la consciencia como sigue:

- Sustancias que promovían el pensamiento ilógico y la impulsividad hasta el punto en que el sujeto perdía credibilidad en público.

- Sustancias que aumentaban la eficacia de la mentalización y de la percepción.

- Materiales que prevenían o contrarrestaban los efectos del alcohol.

- Materiales que promovían los efectos intoxicantes del alcohol.

- Materiales que producen síntomas y signos de enfermedades reconocibles en forma reversible de manera que pueden ser usados para hacer creer a las personas que están enfermas, etc.

- Materiales que ayudan a una inducción rápida de hipnosis o potencian su utilidad.

- Sustancias que mejoraban las capacidades de los individuos para soportar la privación sensorial, la tortura y la coerción durante la interrogación y el así llamado "lavado de cerebro".

- Materiales y métodos físicos que producen amnesia para los eventos precedentes o durante su uso.

- Métodos físicos para producir shock y confusión durante periodos extendidos de uso y uso subrepticio.

- Sustancias que producen incapacidad física como parálisis de las piernas, anemia aguda, etc.

- Sustancias que producen euforia "pura" sin depresión posterior.

- Sustancias que alteran la estructura de la personalidad de tal manera que el receptor se ve facilitado a ser dependiente de otra persona.

- Un material que produce confusión mental como la del tipo que en la que el individuo se ve impedido a cuestionar las órdenes que se le dan.

- Sustancias que reducen la ambición y la eficiencia laboral cuando son administradas en cantidades indetectables.

- Sustancias que promueven déficit auditivos o visuales, preferiblemente sin efectos permanentes.

- Una píldora Nocaut que puede ser dada subrepticiamente en bebidas, comida, cigarros, como aerosol, etc., que debía ser segura de usar produciendo amnesia, y portátil para ser usada por agentes de campo.

- Un material que pudiera ser administrado subrepticiamente por las vías descritas anteriormente, y que en pequeñas dosis hiciera que un hombre quedara completamente inhabilitado.

Experimentos

Algunos de los elementos usados en el programa eran la radiación y la droga LSD. También se usaron los barbitúricos y las anfetaminas simultáneamente, un proceso que se abandonó porque la muerte del interrogado era demasiado frecuente. Se utilizaban también muchas otras drogas. Los sujetos de las pruebas eran empleados de la CIA, miembros de los servicios militares, médicos, otros agentes del gobierno, indigentes, prostitutas, pacientes con enfermedades mentales y miembros del público, muchas veces sin que los involucrados supieran lo que se hacía con ellos ni se solicitara su consentimiento.

Finalmente, los investigadores descartaron el LSD porque sus efectos resultaban imprevisibles.

El proyecto MK Ultra consumía el seis por ciento de los fondos de la CIA en 1953.

Drogas

No se tiene muy claro cuáles fueron las drogas utilizadas en este proceso. Se tiene más en cuenta que fueron las drogas las que causaban mayor daño cerebral, obligando al sujeto de prueba a ver cosas y a hacer lo que la "CIA" quisiera. La droga que sí se podría afirmar que se utilizaba fue el ya conocido "LSD", que fue una droga psicodélica usada en "lavados de cerebro".

LSD

Los primeros esfuerzos se centraron en el LSD, que más tarde llegó a dominar muchos de los programas de MK-ULTRA.

Los experimentos incluían la administración de LSD a empleados de la CIA, militares, médicos, otros agentes del gobierno, prostitutas, pacientes con enfermedades mentales y los miembros del público en general, con el fin de estudiar sus reacciones. El LSD y otras drogas se administraron por lo general sin el conocimiento del sujeto o el consentimiento informado, una violación del Código de Núremberg que los EE. UU. accedieron a seguir después de la Segunda Guerra Mundial.

Los esfuerzos para "reclutar" a los sujetos eran a menudo ilegales, incluso si se deduce el hecho de que las drogas estaban siendo administradas (aunque el uso real de LSD, por ejemplo, era legal en los Estados Unidos hasta el 6 de octubre 1966). En la Operación Clímax de medianoche, la CIA estableció varios burdeles para obtener una selección de los hombres para los que sería demasiado vergonzoso hablar sobre los acontecimientos. Los hombres fueron tratados con el LSD, los burdeles estaban equipados con espejos de un solo sentido, y las sesiones fueron filmadas para su posterior visualización y estudio.

La participación de algunos de los sujetos fue de común acuerdo, y en muchos de estos casos, los sujetos parecían ser elegidos para los experimentos incluso más extremos. En un caso, a los voluntarios se les dio el LSD durante 77 días consecutivos.

El LSD fue desestimado finalmente por los investigadores de MK-ULTRA como demasiado imprevisible en sus resultados. Aunque a veces se obtuvo información útil a través de los interrogatorios, no era raro que el efecto más marcado fuera una certeza absoluta y total de que el sujeto era capaz de soportar cualquier tipo de intento de interrogatorio, incluso la tortura física.

Hipnosis

"Aumentar hipnóticamente la capacidad de observar y recordar complejos arreglos de los objetos físicos", y el estudio de la "relación de la personalidad con la susceptibilidad a la hipnosis".

Experimentos en Canadá

Los experimentos fueron exportados a Canadá cuando la CIA reclutó al psiquiatra escocés Donald Ewen Cameron, creador del concepto de "manejo psíquico" en el cual la CIA estaba particularmente interesada. Cameron deseaba corregir la esquizofrenia por medio del borrado de memorias existentes y reprogramación de la psique. Se trasladó desde Albany, Nueva York a Montreal semanalmente para trabajar en el Allan Memorial Institute de la Universidad McGill siendo pagado por la Agencia con US$69 000 desde 1957 a 1964 para hacer los experimentos MK ULTRA allí.

Además del LSD, Cameron experimentó con varias drogas paralizantes y también con terapia electroconvulsiva a 30-40 veces la dosis de electricidad recomendada. Sus experimentos conductistas consistieron en poner a los

sujetos en estado de coma inducido por medicamentos durante semanas (hasta tres meses en un caso) mientras se reproducían sonidos repetidos o simples declaraciones repetitivas. Sus experimentos se llevaron a cabo normalmente sobre pacientes que habían entrado en el instituto para problemas menores, como los trastornos de ansiedad y la depresión posparto, muchos de los cuales sufrieron daño permanente a causa de sus acciones.

Sus tratamientos produjeron en sus víctimas incontinencia, amnesia, olvidaron cómo hablar, olvidaron a sus padres, o pensaron que sus interrogadores eran sus padres.30 Su obra se inspiró y fue paralela a la del psiquiatra británico Dr. William Sargant en el Hospital Santo Tomás, Londres, y en el Hospital Belmont, Surrey, que también estuvo implicado con los Servicios de Inteligencia y que experimentó en gran medida sobre sus pacientes sin su consentimiento, causando daños similares a largo plazo.31 El Dr. Cameron y el Dr. Sargant son los dos únicos experimentadores canadienses identificados, pero el archivo MK ULTRA hace referencia a muchos otros médicos no identificados que fueron reclutados por la CIA.

Durante esta época Cameron se hizo conocido en todo el mundo como el primer presidente de la Asociación Mundial de Psiquiatría, así como presidente de la Asociación Americana de Psiquiatría y la canadiense. Cameron también fue un miembro del tribunal médico de Núremberg en el bienio 1946-47.

Revelación

En diciembre de 1974 el New York Times informó sobre las actividades ilegales domésticas de la CIA, mencionando unos experimentos con ciudadanos estadounidenses. Pronto siguieron investigaciones del Congreso y la Comisión Rockefeller. Las investigaciones demostraron que el doctor Frank Olson había muerto por una caída desde la ventana después de la administración de drogas.3334353637 Sin

embargo, la familia Olson consiguió reabrir el caso en 1994, tras exhumar el cuerpo y hallar indicios de homicidio. La investigación, sin embargo, no consiguió encontrar pruebas concluyentes y cerró el caso en 1996. También se demostró que las personas sometidas a los experimentos no habían dado su consentimiento.

Cronograma

Informe del Senado de los Estados Unidos de 1977 acerca de MK ULTRA

En 1973, el director de la CIA Richard Helms ordenó que todos los archivos de MK ULTRA fueran destruidos. En virtud de esta orden, la mayoría de los documentos de la CIA en relación con el proyecto fueron eliminados, lo que hace imposible una investigación completa de MK ULTRA.

En diciembre de 1974, The New York Times informó de que la CIA había llevado a cabo actividades ilegales dentro de los Estados Unidos, incluidos experimentos sobre ciudadanos estadounidenses, durante la década de 1960. Ese informe provocó investigaciones del Congreso de EE.UU., que formó a tal efecto la Comisión Church, así como la formación de una comisión presidencial conocida como la Comisión Rockefeller que investigó las actividades domésticas de la CIA, el FBI, y las agencias relacionadas con la inteligencia de los militares.

En el verano de 1975, el informe de la Comisión Church y el de la Comisión Rockefeller hicieron público por primera vez que la CIA y el Departamento de Defensa habían llevado a cabo experimentos con seres humanos inconscientes y conscientes como parte de un amplio programa sobre la influencia y control del comportamiento humano mediante el uso de sicofármacos como el LSD y la mescalina y otras sustancias químicas y biológicas y otros medios psicológicos. También reveló que al menos una persona había muerto después de la administración de LSD. Mucho

de lo que el Comité Church y la Comisión Rockefeller aprendieron acerca del programa MK ULTRA estaba contenido en un informe, preparado por la oficina del Inspector General en 1963, que había sobrevivido a la destrucción de los registros ordenados en 1973. Sin embargo, contenía pocos detalles.

La comisión investigadora del Congreso acerca de la CIA, presidida por el senador Frank Church, concluyó que "el previo consentimiento fue, obviamente, algo que no se obtuvo de ninguno de los sujetos". El Comité tomó nota de que los experimentos, "auspiciados por estos investigadores ... colocaron en tela de juicio la decisión de los organismos de no fijar directrices para los experimentos".

Siguiendo las recomendaciones de la Comisión Church, el presidente Gerald Ford en 1976 emitió la primera Orden Ejecutiva sobre Actividades de Inteligencia que, entre otras cosas, prohibía "la experimentación con drogas en seres humanos, excepto con el consentimiento informado, por escrito y con el testimonio una parte desinteresada, de cada sujeto humano" y de conformidad con las directrices emitidas por la Comisión Nacional. En las órdenes posteriores de los presidentes Carter y Reagan se amplió la directiva para que se aplicara a cualquier experimentación humana.

A causa de las revelaciones sobre los experimentos de la CIA, surgieron historias similares en relación con los experimentos del Ejército de los Estados Unidos. En 1975, el secretario del Ejército dio instrucciones al inspector General del Ejército para llevar a cabo una investigación. Entre las conclusiones del inspector General está la existencia de un memorando escrito en 1953 por el entonces Secretario de Defensa Charles Erwin Wilson. Estos documentos muestran que la CIA participó en al menos dos de los comités del Departamento de Defensa durante 1952. Estos hallazgos del comité condujeron a la emisión del

"Memorándum Wilson", que ordenaba -de acuerdo con los protocolos del Código de Núremberg- que sólo se utilizaran voluntarios para operaciones experimentales en las fuerzas armadas de los EE. UU. En respuesta a la investigación del inspector General, el memorando de Wilson fue desclasificado en agosto de 1975.

Con respecto a las pruebas de drogas en el Ejército, el inspector General encontró que "las pruebas reflejan claramente que todas las consideraciones médicas posibles fueron observadas por los investigadores profesionales en los laboratorios de investigación médica". Sin embargo, el inspector General también encontró que los requisitos exigidos por el memorando Wilson de 1953 habían sido sólo parcialmente efectivos; llegó a la conclusión de que los voluntarios "no fueron informados plenamente, según era necesario, antes de su participación, y los métodos de adquisición de sus servicios, en muchos los casos, no parecían haber estado de acuerdo con la intención de las políticas de la Secretaría que regían el uso de voluntarios por parte del Ejército para la investigación".

En otras ramas de las fuerzas armadas de los EE.UU., la Fuerza Aérea, por ejemplo, se constató que no se habían adherido a las estipulaciones relativas a los ensayos de drogas voluntaria del Memorando Wilson.

En 1977, durante una audiencia celebrada por el Comité Senatorial Selecto de Inteligencia para profundizar en MK ULTRA, el almirante Stansfield Turner, exdirector de Inteligencia Central, reveló que la CIA había encontrado un conjunto de registros, que constaba de unas 20 000 páginas, que habían sobrevivido a las órdenes de destrucción de 1973, por haber sido almacenados en un centro de registros al que no se suelen aplicar para obtener documentos.38 Estos archivos se referían al financiamiento de proyectos de MK ULTRA, y como tal contenían algunos detalles de esos

proyectos, pero se supo mucho más de ellos que del informe del Inspector General de 1963.

En Canadá, el tema tardó mucho más tiempo en aflorar, llegando a ser ampliamente conocido en 1984 en un programa noticioso de la CBC llamado El Quinto estado. Se supo que no sólo la CIA había financiado los esfuerzos de Cameron, sino tal vez incluso más chocante, que el gobierno canadiense fue plenamente consciente de ello, y había prestado más tarde otros $ 500 000 en fondos para continuar los experimentos. Esta revelación descarriló en gran medida los esfuerzos de las víctimas para demandar a la CIA como sus homólogos en EE. UU., y el gobierno canadiense finalmente llegó a un arreglo extrajudicial indemnizando con $ 100 000 a cada una de las 127 víctimas. Ninguno de los documentos personales del Dr. Cameron de su relación con MK ULTRA sobrevivió, ya que su familia los destruyó después de su muerte a causa de un ataque al corazón mientras practicaba el montañismo en 1967.

Informe de la Oficina de Contabilidad General de los EE UU.

La Oficina de Contabilidad General de los EE. UU. emitió un informe el 28 de septiembre de 1994, en el que declaró que entre 1940 y 1974, el Departamento de Defensa y otras agencias de seguridad nacional estudiaron a miles de seres humanos en ensayos y experimentos que usaron sustancias peligrosas.

La cita del estudio:

... Al trabajar con la CIA, el Departamento de Defensa dio drogas alucinógenas a miles de soldados "voluntarios" en las décadas de 1950 y 1960. Además de LSD, el Ejército también analizó quinuclidinilo bencilato, un alucinógeno con nombre en código BZ. Muchas de estas pruebas se llevaron a cabo en el marco del llamado programa MK ULTRA, establecido para luchar contra lo que se percibía como avances soviéticos y chinos en las técnicas de lavado

de cerebro. Entre 1953 y 1964, el programa consistió en 149 proyectos de pruebas de drogas y otros estudios sobre sujetos humanos involuntarios ...

Muertes

Habida cuenta de la destrucción intencional de la CIA de la mayoría de los registros, su incapacidad para seguir protocolos informados de consentimiento con miles de participantes, la naturaleza incontrolada de los experimentos, y la falta de datos de seguimiento, el impacto total de los experimentos de MKULTRA, incluidos los mortales, nunca será conocido.

Frank Olson

Varias muertes conocidas han sido asociados con el Proyecto MKULTRA, especialmente en la de Frank Olson. Olson, un bioquímico del Ejército de Estados Unidos y experto en armas biológicas, se le dio LSD sin su conocimiento o consentimiento en noviembre de 1953 como parte de un experimento de la CIA y murió en circunstancias sospechosas, una semana después. Un médico de la CIA asignado para vigilar a Olson dijo que dormía en otra cama en una habitación de hotel de Nueva York, cuando Olson saltó desde la ventana y cayó trece pisos falleciendo en el acto. En 1953, la muerte de Olson fue descrita como un suicidio que se produjo durante un episodio psicótico grave. La propia investigación interna de la CIA concluyó que director del Departamento técnico de la CIA Sidney Gottlieb había llevado a cabo el experimento de LSD con el conocimiento previo de Olson, aunque ni Olson, ni los otros hombres que participaron en el experimento fueron informados sobre la naturaleza exacta de la droga administrada hasta unos 20 minutos después de su ingestión. El informe sugiere además que Gottlieb fue, no obstante, por una amonestación, había dejado de tomar en cuenta que Olson ya había sido diagnosticado con

tendencias suicidas, lo que podría haber sido exacerbado por el LSD.

La familia Olson cuestiona la versión oficial de los acontecimientos. Sostienen que Frank Olson fue asesinado porque, sobre todo a raíz de su experiencia con el LSD, se había convertido en un riesgo de seguridad que podría divulgar secretos de estado asociados con los programas de la CIA altamente clasificados, a muchos de los cuales había tenido conocimiento personal directo. Pocos días antes de su muerte, Frank Olson renunció a su posición como Jefe Interino de la División de Operaciones Especiales en Fort Detrick, Maryland (más tarde Fort Detrick) a causa de una grave crisis moral sobre la naturaleza de su investigación de armas biológicas. Entre las preocupaciones de Olson fueron el desarrollo de materiales para asesinatos utilizados por la CIA, el uso por la CIA de material de guerra biológica en las operaciones encubiertas, la experimentación con armas biológicas en zonas pobladas, la colaboración con ex científicos nazis en Operación Paperclip, investigación de control mental con LSD , el uso de armas biológicas (incluido ántrax) durante la Guerra de Corea, y el uso de drogas psicoactivas durante interrogatorios "terminales" bajo un programa cuyo nombre en código Proyecto ARTICHOKE. Más tarde las pruebas forenses entraron en conflicto con la versión oficial de los hechos, cuando el cuerpo de Olson fue exhumado en 1994, las lesiones craneales indicaron que Olson había sido golpeado hasta quedar inconsciente antes de que cayera por la ventana. El médico forense llamó a la muerte de Olson un "homicidio". En 1975, la familia de Olson recibió un arreglo de $ 750.000 del gobierno de los EE.UU. y disculpas formales del presidente Gerald Ford y director de la CIA William Colby, a pesar de sus disculpas se limitaron a cuestiones relativas al consentimiento informado sobre la ingestión de Olson de LSD.

En su libro de 2009, Una Terrible equivocación, el investigador HP Albarelli Jr. está de acuerdo con la familia Olson y concluye que Frank Olson fue asesinado debido a una crisis de conciencia que hizo que probablemente fuera a divulgar secretos de Estado que afectaban a varios programas de la CIA, el jefe entre ellos el Proyecto ARTICHOKE y un proyecto MKNAOMI llamado en código Proyecto SPAN. Albarelli presenta considerable evidencia en apoyo de su teoría de que el Proyecto SPAN implicó la contaminación de los suministros de alimentos y la pulverización de aerosoles de una potente mezcla de LSD en la aldea de Pont-Saint-Esprit, Francia en agosto de 1951. (La palabra francesa "pont" se traduce como "puente" en inglés, un sinónimo es "span"). El incidente de Pont-Saint-Esprit dio lugar a la psicosis colectiva, el internamiento de 32 personas en instituciones mentales, y al menos siete muertes. En su trabajo como Jefe Interino de la División de Operaciones Especiales, Olson estuvo involucrado en el desarrollo de los sistemas de aerosol, que estuvo presente en Pont-Saint-Esprit, en agosto de 1951, y varios meses antes de que él renunciara a su cargo, había sido testigo de un interrogatorio terminal llevado a cabo en Alemania el marco del Proyecto ARTICHOKE. Otros investigadores han llegado a conclusiones similares a Albarelli, incluyendo John Grant Fuller, autor de El día del Fuego de San Antonio, un libro de referencia que en un principio citó al cornezuelo de centeno como la intoxicación responsable de los hechos en Pont-Saint-Esprit.

Harold Blauer

Otra víctima conocida del Proyecto MKULTRA fue Harold Blauer, un jugador de tenis profesional en Nueva York, quien murió en enero de 1953 como resultado de un experimento secreto del Ejército de participación de MDMDA.

Cuestiones legales que involucran el consentimiento informado

Las revelaciones sobre la CIA y el Ejército generaron que un número de sobrevivientes a sus experimentos a presentar demandas judiciales contra el gobierno federal por llevar a cabo experimentos ilegales. Aunque el gobierno de forma agresiva, y, a veces con éxito, trató de evitar la responsabilidad legal, varios demandantes recibieron una indemnización por orden judicial, la solución extrajudicial de la cancha, o los actos del Congreso. La familia Frank Olson recibió 750.000 dólares por una ley especial del Congreso, y tanto el presidente Ford y director de la CIA William Colby, se reunieron con la familia de Olson a pedir disculpas públicamente.

Anteriormente, la CIA y el Ejército había buscado activamente y con éxito retener información incriminatoria, aun cuando en secreto ya se había indemnizado a las familias. Uno de los sujetos de la experimentación de drogas Ejército, James Stanley, sargento del Ejército, interpuso una demanda importante, aunque sin éxito. El gobierno argumentó que Stanley se le prohibió demandar en virtud de una doctrina legal conocida como la doctrina Feres, tras un 1950 de la Corte Suprema, Feres contra los Estados Unidos - que prohíbe a los miembros de las Fuerzas Armadas de demandar al gobierno por cualquier daño que se habían cometido "como incidente de servicio".

En 1987, el Supremo Tribunal de Justicia afirmó esta defensa en una decisión 5-4 que desestimó el Caso Stanley. La mayoría sostuvo que "una prueba de la responsabilidad que depende de la medida en que se adapta a todo, se pondría en cuestión la disciplina militar y la toma de decisiones, requiriendo investigación judicial, y por lo tanto intrusión en los asuntos militares". En la disidencia, el Juez William Brennan argumenta que la necesidad de preservar la disciplina militar no debe proteger al gobierno de la

responsabilidad y el castigo de graves violaciones de los derechos constitucionales:

Los juicios médicos en Nuremberg en 1947 impresionaron profundamente al mundo a que la experimentación con seres humanos sin saberlo es inaceptable, tanto moral y como legalmente. El Tribunal Militar de Estados Unidos estableció el Código de Nuremberg como un estándar contra el cual juzgar los científicos alemanes que experimentaron con seres humanos .... En el desafío de este principio, los funcionarios de inteligencia militar ... comenzaron subrepticiamente pruebas materiales químicos y biológicos, como el LSD en seres humanos.

Juez William Brennan

No hay ninguna regla modelada judicialmente en la que deba aislarse la responsabilidad de la experimentación humana, involuntaria y desconocida que habrían ocurrido en este caso. De hecho, como observa el juez Brennan, Estados Unidos desempeñó un papel instrumental en el enjuiciamiento penal de oficiales nazis que realizaron experimentos con seres humanos durante la Segunda Guerra Mundial, y las normas que los Tribunales Militares de Nuremberg desarrollaron para juzgar el comportamiento de los acusados declararon que el consentimiento "voluntario del sujeto humano es absolutamente esencial ... para satisfacer los conceptos morales, éticos, y jurídicos. Si este principio se viola, como mínimo, que la sociedad puede hacer es ver que las víctimas sean indemnizadas, como pueden ser, por los autores.

Jueza Sandra Day O'Connor

Este es el único caso en la Corte Suprema que aborda la aplicación del Código de Núremberg a la experimentación patrocinada por el gobierno de los EE. UU. Aunque la demanda no tuvo éxito, las opiniones disidentes pusieron al Ejército-y por asociación a todo el Gobierno-sobre aviso de

que el uso de personas sin su consentimiento es inaceptable. La limitada aplicación de la Código de Núremberg en los tribunales de EE. UU. no restringe la competencia de los principios que propugna, especialmente a la luz de historias de caso omiso a estos principios que apareció en los medios de comunicación y la literatura profesional durante los años 1960 y 1970 y finalmente las políticas adoptadas a mediados de la década de 1970.

En otro juego de la ley, Wayne Ritchie, ex Marshall de los Estados Unidos, después de oír hablar de los proyectos existentes en 1990, alegó que la CIA mezcló los alimentos o bebidas con LSD en una fiesta de Navidad 1957 que culminó en su tentativa de cometer un robo en un bar y su posterior detención. Mientras que el gobierno admitió que era, en ese momento, estaba drogando a las personas sin su consentimiento, el Juez de Distrito de EE. UU. Marilyn Hall Patel encontró que Ritchie no podía probar que era una de las víctimas de MKULTRA o que el LSD estimulara su intento de robo y desestimó el caso en 2007.

Grado de la participación

Cuarenta y cuatro universidades estadounidenses, 15 fundaciones de investigación o químicas o compañías farmacéuticas y similares incluyendo Sandoz (actualmente Novartis) y Eli Lilly & Co., 12 hospitales o clínicas (además de los relacionados con las universidades), y tres cárceles se sabe que han participado en MKULTRA.

Personas notables

Una cantidad considerable de evidencia circunstancial creíble sugiere que Theodore Kaczynski, también conocido como el Unabomber, participó en los experimentos de MKULTRA patrocinados por la CIA y llevados a cabo en la Universidad de Harvard desde el otoño de 1959 hasta la primavera de 1962. Durante la Segunda Guerra Mundial, Henry Murray, el investigador principal en los experimentos

de Harvard, sirvió en la Oficina de Servicios Estratégicos (OSS), lo que fue el precursor de la CIA. Murray solicitó una subvención financiada por la Marina de Estados Unidos, y sus experimentos de Harvard cerca de estrés se parecía mucho a los dirigidos por el OSS. Empezando a la edad de dieciséis años, Kaczynski participó junto con veintiún otros estudiantes de pregrado en los experimentos de Harvard, que han sido descritos como "inquietantes" y "éticamente indefendibles."

Ken Kesey, de los Merry Prankster , autor de One Flew Over the Cuckoo's Nest, hizo de voluntario para los experimentos MKULTRA cuando era estudiante en la Universidad de Stanford. La ingestión de LSD de Kesey en estos experimentos condujo directamente a su promoción generalizada de la droga y el posterior desarrollo de cultura hippie.

Robert Hunter es un letrista, compositor y cantante, traductor y poeta estadounidense conocido por su asociación con Jerry García y la Grateful Dead. Junto con Ken Kesey, Hunter fue un voluntario de los primeros sujetos de prueba MKULTRA en la Universidad de Stanford. Los sujetos de Stanford de prueba fueron pagados para tomar LSD, psilocibina y mescalina, para luego informar de sus experiencias. Estas experiencias fueron creativamente formativas para Hunter:

Cada foto de ti mismo derramando una cáscara de color morado con crestas de espuma de cristal cae casi blandas caen hasta el mar de niebla de la mañana-muy-fluente en voz baja ... y entonces una especie de conglomerado en cascada de tintineos de campana como (debo de tomar de la mano, de vez en cuando lentamente) y de repente en un repique de plata vibrantes sin comprender, la sangre cantando, alegremente como campanas .... Por mi fe, si esto es la locura, a continuación, para el amor de Dios me permite seguir siendo una locura.

McNally 42-43

Candy Jones, modelo estadounidense y locutora de radio, dijo haber sido víctima de control mental en los años 60s.

El mafioso fugitivo James "Whitey" Bulger se ofreció voluntariamente para probar drogas psicoactivas mientras estaba en la cárcel.

Lawrence Teeter, abogado del asesino Sirhan Sirhan, afirmó Sirhan estaba bajo la influencia de hipnosis cuando disparó su arma contra Robert F. Kennedy en 1968. Teeter vinculó el programa de la CIA Operación MK Ultra a las técnicas de control mental que, según él fueron utilizados para el control de Sirhan.

Jonestown, la ubicación en Guyana del culto de Jim Jones y el suicidio en masa del Templo del Pueblo, se pensó que era un sitio de prueba para experimentos médicos de control mental MKULTRA y después del fin oficial del programa. El congresista Leo Ryan, un conocido crítico de la CIA, fue asesinado por miembros del Templo del Pueblo después de que él personalmente visitó Jonestown para investigar diversas irregularidades.

MK Ultra en las teorías de la conspiración

Debido a su naturaleza secreta y a la destrucción de la mayoría de los registros, MK Ultra ha sido y es, fuente de múltiples teorías de la conspiración.

---

https://es.wikipedia.org/wiki/Proyecto_MK_Ultra

Lista de Asesinos desde 1982 a 2019

Aquí una lista de los asesinos involucrados en matanzas o mass shooting en EE. UU desde 1982 a Mayo del 2019:

DeWayne Craddock, 40 años, un trabajador municipal de la ciudad que empuñaba pistolas, un supresor y revistas de gran capacidad, mató en masa dentro de un edificio Municipal de Virginia Beach a finales del día de un viernes, antes de morir en una batalla de armas prolongada con la policía. Según los informes, Craddock había presentado su renuncia a su trabajo esa mañana. Era un veterano de la Guardia Nacional del ejército de Virginia, y "tenía una cabeza afeitada, físico de culturista y cámaras en las ventanas de su casa en un tranquilo callejón sin salida," según el Washington Post.

Gary Martin, 45, entró en un alboroto dentro del almacén en respuesta a ser despedido de su trabajo y murió poco después en un tiroteo con la policía. Entre sus víctimas había cinco compañeros muertos y cinco policías heridos. Martin tuvo un historial de delitos graves y una larga historia de violencia doméstica; fue capaz de obtener un arma a pesar de haber tenido su tarjeta de identificación de propiedad de armas de Illinois revocada. Según un informe de los fiscales, Martin le dijo a un compañero de trabajo la mañana del tiroteo que si fue despedido iba a matar empleados y policías.

Jordan Witmer, de 21 años, disparó a tres personas en un bar del Ramada Hotel cerca de la Penn State University, incluyendo una exnovia con la que estaba allí. Luego huyó del bar, estrelló su coche a una milla de distancia, y irrumpió en una casa al azar, matando fatalmente a un anciano residente y luego a sí mismo. Witmer, que tenía un permiso legal de transporte para su arma de mano, acababa de

terminar una temporada de tres años en el ejército de los Estados Unidos; diez días antes del ataque había sido condenado por cargos relacionados con la conducción ebria en Kentucky, donde había estado estacionado.

Zephen A.Xaver, 21, disparó fatalmente a cinco mujeres dentro de un banco y luego llamó a la policía para confesar. Estaba armado con un arma de fuego y llevaba un chaleco antibalas. Según los informes, ordenó a las mujeres a acostarse en el suelo y les disparó el estilo de ejecución. Después de un enfrentamiento con la policía, se rindió y fue detenido. Una semana antes, Xaver había dejado un trabajo como aprendiz de guardia de la prisión, y las autoridades dijeron que creían que el tiroteo era "un acto aleatorio" y que robar no parece ser un motivo. Una ex-novia en Indiana dijo a los medios de comunicación locales que había estado "asustada durante años" por el discurso de Xaver sobre la violencia y la muerte, pero que sus advertencias a otros (que no había identificado) no se tomaron en serio. Dijo que conoció a Xaver en un hospital psiquiátrico en 2013. En marzo de 2017, la policía estatal de Michigan documentó un incidente en el que Xaver indicó que estaba "posiblemente pensando en suicidarse por el policía y tomar rehenes."

Juan López, 32, confrontó a su ex prometido, el doctor de urgencias Tamara O'Neal, antes de dispararle y abrir fuego contra otros en el hospital, incluyendo un oficial de policía en respuesta, Samuel Jiménez, y un empleado de farmacia, Dayna Less. López fue asesinado fatalmente por un oficial de SWAT en respuesta. López tuvo una historia de abuso doméstico contra una ex-esposa, y fue expulsado de una Academia de entrenamiento del Departamento de bomberos por mala conducta contra cadetes femeninos.

Ian David Long, de 28, vestido de negro y armado con una pistola y un "dispositivo de humo", se acercó al borderline Bar & Grill, un lugar de música country popular entre los estudiantes universitarios, cerca de la medianoche y abrió

fuego, matando a un guardia de seguridad y luego otros en el Club, incluido el ayudante del Sheriff que responde al ataque. Long fue encontrado muerto en la escena del aparente suicidio. Fue un ex Marine y tuvo una historia de interacciones con la policía local, incluyendo una evaluación de salud mental en la que había sido limpiado.

Robert D. Bowers, 46, gritó insultos antisemitas al abrir fuego dentro de la sinagoga del árbol de la vida durante la adoración del sábado por la mañana. Estaba armado con un rifle de asalto y varias pistolas y fue detenido después de un enfrentamiento con la policía.

Snochia Moseley, de 26 años, según se informa, un empleado descontento, disparó a sus víctimas fuera del edificio y en el piso del almacén; más tarde murió de un disparo autoinfligido en un hospital cercano. (Ningún oficial de la ley respondiendo a su ataque disparó disparos.)

Javier Casarez, 54, que estaba atravesando un amargo divorcio, fue a una juerga de disparos apuntando a su exesposa y ex compañeros de trabajo en la compañía de camiones. Su ataque incluyó fatalmente disparando a una víctima que perseguía a un minorista de artículos deportivos cercano, y otros dos en una residencia privada. Después de robar a una mujer que conducía con un niño (y dejar ir a los dos), Casarez se disparó fatalmente a sí mismo como funcionarios de la policía se cerraron en él.

Omar Enrique Santa Pérez, de 29 años, entró en el vestíbulo de la planta baja de un edificio en el centro de Cincinnati poco después de las 9 a.m. y abrió fuego. En cuestión de minutos, Pérez fue fatalmente herido en un tiroteo con agentes de la ley respondiendo a la escena.

Jarrod W. Ramos, 38, disparó a través de las puertas de cristal de la sala de redacción del periódico alrededor de las 3 pm para llevar a cabo su ataque; policía respondiendo rápidamente a la escena lo encontró escondido debajo de un

escritorio y lo aprehendió. Ramos había albergado un resentimiento de larga data contra el papel sobre una columna de 2011 que había detallado su declaración de culpabilidad por el acoso de una ex compañera de clase. Ramos demandó el periódico por difamación y perdió.

Dimitrios Pagourtzis, un estudiante de 17 años, abrió fuego en la escuela secundaria Santa Fe con una escopeta y un revólver. 38 propiedad de su padre; Pagourtzis mató a 10 y lesionó al menos a otros 13 antes de rendirse ante las autoridades después de un enfrentamiento y disparos adicionales dentro de la escuela. (Supuestamente Pagourtzis había tenido la intención de suicidarse.) Los investigadores también encontraron artefactos explosivos no detonados en las cercanías. (más detalles pendientes.)

Travis Reinking, de 29, abrió fuego alrededor de las 3:30 a.m. en el estacionamiento de una casa Waffle en Antioch, y continuó disparando mientras entraba en el restaurante. Mientras intentaba recargar su AR-15, un transeúnte heroicamente luchó el rifle lejos de Reinking, que luego huyó; fue capturado por las autoridades al día siguiente. Reinking tuvo una historia de comportamiento errático y de los run-ins con la aplicación de la ley en su estado natal de Illinois, incluyendo afirmaciones de que estaba siendo acechado y acosado por la estrella pop Taylor Swift. En julio de 2017, fue arrestado en la Casa Blanca después de violar la seguridad en un esfuerzo por hablar con el Presidente Trump, supuestamente reclamando su derecho a hacerlo como "un ciudadano soberano."

El veterano del ejército **Albert Cheung Wong**, 36, irrumpió en una casa de veteranos donde anteriormente estaba bajo cuidado, intercambiando disparos con un ayudante del sheriff y tomando a tres mujeres como rehenes, una de las cuales había amenazado previamente. Después de un enfrentamiento con la policía, mató a las tres mujeres y a sí mismo.

Nikolas J. Cruz, de 19 años, fuertemente armado con un AR-15, equipo táctico y "innumerables revistas" de munición, según el Sheriff del Condado de Broward, atacó la escuela secundaria mientras las clases terminaban para el día, matando al menos a 17 personas y causando lesiones a muchos otros. Fue aprehendido por las autoridades poco después de huir del campus.

Timothy O'Brien Smith, de 28 años, que llevaba armadura de cuerpo y bien abastecido de munición, abrió fuego en un carwash temprano en la mañana en esta comunidad rural, matando a cuatro personas. Una quinta víctima, aunque no se le disparó, sufrió heridas leves. Una de las víctimas fallecidas, Chelsie Cline, de 25 años, había estado involucrada románticamente con Smith y había interrumpido la relación recientemente, según su hermana. Smith se disparó en la cabeza y murió más tarde esa noche en el hospital.

Kevin Janson Neal, 44, fue en un tiroteo de aproximadamente 45 minutos en la comunidad rural de Rancho Tehama Reserve en el norte de California, incluyendo el rodaje de una escuela primaria, antes de ser asesinado por agentes de la ley. Neal también había matado a su esposa en casa.

Devin Patrick Kelley, un aviador ex-estadounidense de 26 años de la fuerza aérea, abrió fuego en la primera iglesia Bautista en Sutherland Springs durante los servicios de la mañana del domingo, matando al menos a 26 personas e hiriendo e hiriendo a otros 20. Abandonó la iglesia y huyó en su vehículo después de participar en un tiroteo con un ciudadano local; pronto estrelló su vehículo y murió de una herida de bala autoinfligida.

Scott Allen Ostrem, 47, entró en un Walmart en un suburbio al norte de Denver y fatalmente disparó a dos hombres y una mujer, luego dejó la tienda y se fue. Después de una cacería nocturna, Ostrem, que tenía problemas

financieros, pero no había antecedentes penales graves, fue capturado por la policía después de ser visto cerca de su apartamento en Denver.

Radee Labeeb Prince, 37, fatalmente disparó a tres personas e hirió a otras dos alrededor de las 9 am en Advance Granite Solutions, un negocio de remodelación en el hogar donde trabajó cerca de Baltimore. Horas más tarde disparó e hirió a una sexta persona en un concesionario de automóviles en Wilmington, Delaware. Fue aprehendido esa noche después de una persecución por las autoridades.

Stephen Craig Paddock, 64, disparó una avalancha de disparos rápidos — usando rifles semiautomáticos modificados con "Bump stocks" — en miles de concertadores en la franja de las Vegas a finales de la noche del domingo; Paddock se había posicionado en una Suite esquinera en el piso 32 del Mandalay Bay Resort and Casino, donde tomó el objetivo de las ventanas rotas. Poco después de que comenzara el ataque, la policía respondió encontró a Paddock dentro de la Suite del hotel, fallecido por un disparo autoinfligido.

Jimmy Lam, de 38, disparó fatalmente a tres compañeros de trabajo e hirió a otros dos dentro de una instalación de UPS en San Francisco. Lam se suicidó cuando los agentes policiales respondieron a la escena.

Randy Stair, un trabajador de 24 años en Weis Grocery disparó fatalmente a tres de sus compañeros empleados. Según los informes, disparó 59 rondas con un par de escopetas antes de encender el arma mientras otro compañero de trabajo huyó de la escena por ayuda y la policía respondió.

John Robert Neumann, Jr., 45, un ex empleado del fabricante Fiamma Inc. fatalmente disparó a cinco trabajadores en la compañía, y luego se suicidó en la escena. Había sido despedido de la compañía en abril. El ataque

tuvo lugar una semana antes del aniversario de un año de la masacre del club nocturno de Orlando.

Thomas Hartless, 43, disparó y mató a una exnovia y otro empleado de un asilo de ancianos, y fatalmente disparó al jefe de policía de Kirkersville respondiendo a la escena. Su exnovia había obtenido recientemente una orden de protección judicial contra Hartless. Los investigadores más tarde encontraron más de 60 armas de fuego en el hogar de Hartless, que fue encontrado muerto en la escena del ataque, habiendo girado su arma sobre sí mismo, de acuerdo con las autoridades locales.

Kori Ali Muhammad, 39, abrió fuego a lo largo de una calle en el centro de Fresno, matando a tres personas aleatoriamente en un presunto crimen de odio antes de ser aprehendido por la policía. Muhammad, que es negro, mató a tres víctimas blancas y más tarde describió su ataque como motivado racialmente; también gritó 'Allahu Akbar' (Alá es grande) en el momento en que fue arrestado, pero las autoridades indicaron que no encontraron vínculos con el terrorismo islamista.

Esteban Santiago, de 26 años, voló desde Alaska a Fort Lauderdalc, donde abrió fuego en el área de reclamo de equipaje del aeropuerto, matando a cinco y hiriendo a seis antes de que la policía lo aprehendió. (Muchas otras personas fueron presuntamente heridas mientras huían durante el pánico.)

Arcan Cetin, de 20 años, mató a una adolescente y a tres mujeres en la sección de cosméticos de una tienda departamental de Macy's en el Cascade Mall. Un hombre fue herido de gravedad en el tiroteo y llevado al centro médico Harborview en Seattle, donde murió. Cetin fue detenido por la policía unas horas después del tiroteo mientras conducía un coche cerca de su residencia.

Gavin Long, de 29 años, un ex Marine que sirvió en Irak, mató a tres ofertas policiales respondiendo a una llamada 911, e hirió a otros tres. Fue asesinado en un tiroteo con otros oficiales respondiendo a la escena. Antes del ataque, Long publicó prolíficamente en las redes sociales, donde expresó admiración por el asesino de policías en Dallas 10 días antes.

Micah Xavier Johnson, un veterano del ejército de 25 años, se dirigió a la policía en una protesta pacífica de las vidas negras, matando a cinco oficiales e injurando a otros nueve, así como a dos civiles. Después de un prolongado enfrentamiento en un edificio del centro, la policía mató a Johnson usando una bomba entregada por un robot.

Omar Mateen, de 29 años, atacó el Pulse discoteca en Orlando en las primeras horas de la mañana del 12 de junio. Fue asesinado por la policía que allanó el club después de un prolongado enfrentamiento.

Cedric L. Ford, que trabajaba como pintor en una empresa manufacturera, disparó a las víctimas desde su coche y en su lugar de trabajo antes de ser asesinado por la policía en la escena. Poco antes del alboroto había sido servido con una orden de alejamiento.

Jason B. Dalton, un conductor de Uber, al parecer seleccionó a sus víctimas al azar, ya que se fue en un alboroto durante varias horas en tres lugares diferentes, incluyendo cinco personas que disparó en el estacionamiento de un restaurante Cracker Barrel. Fue "arrestado sin incidentes" en un bar del centro de Kalamazoo unas seis horas después de que comenzara el alboroto.

Syed Rizwan Farook, dejó una fiesta de Navidad celebrada en el Inland Regional Center, regresando más tarde con Tashfeen Malik y los dos abrieron fuego, matando a 14 y hiriendo a 21, diez críticamente. Los dos fueron

asesinados más tarde por la policía mientras huyeron en un SUV.

Robert Lewis Dear, 57, disparó y mató a un oficial de policía y a dos ciudadanos cuando abrió fuego en una clínica de salud de Planned Parenthood en Colorado Springs, Colorado. Otros nueve resultaron heridos. Querido fue arrestado después de un enfrentamiento de horas con la policía.

Noah Harpham, 33, disparó a tres personas antes de morir en Colorado Springs antes de que la policía lo matara en un tiroteo.

Chris Harper Mercer, de 26 años, abrió fuego en el Umpqua Community College en el suroeste de Oregón. El pistolero se suicidó después de haber sido herido en un tiroteo con la policía.

Mohammod Youssuf Abdulazeez, de origen y nacionalidad kuwaití, de 24 años, un ciudadano estadounidense naturalizado, abrió fuego en un centro de reserva naval, y luego condujo a una oficina de reclutamiento militar donde disparó y mató a cuatro Marines y a un miembro del servicio de la Armada, e hirió a un oficial de policía y otro miembro del servicio militar. Fue disparado fatalmente en un intercambio de disparos con oficiales de la policía respondiendo al ataque.

Dylann Storm Roof, de 21 años, disparó y mató a 9 personas después de abrir fuego en la iglesia Emanuel ame en Charleston, Carolina del sur. Según un compañero de cuarto, supuestamente había estado "planeando algo así durante seis meses."

Sergio Valencia del Toro, de 27 años, en lo que los funcionarios dicen que fue un acto aleatorio, disparó y mató a tres personas, incluida una niña de 11 años.

Jaylen Fryberg, de 15 años, con el calibre. 40 BERRETTA, disparó cinco a estudiantes de la escuela secundaria Marysville, incluyendo a dos de sus primos y tres amigos, matando a todos menos uno. Fryberg arregló para reunirse con ellos para el almuerzo en la cafetería de la escuela por texto. Al parecer, Fryberg era muy querido en la escuela y no se creía que fuera una mala voluntad entre él y sus víctimas. Se suicidó en la escena. "

Elliot Rodger, de 22 años, disparó a tres personas hasta la muerte en la ciudad universitaria de isla vista, cerca de la Universidad de California, Santa Bárbara. También disparó a otros mientras conducía por la ciudad, e hirió a otros golpeándolos con su vehículo. Se suicidó disparándose en su auto cuando la policía cerró. Antes del alboroto, Rodger apuñaló a tres personas hasta la muerte en su apartamento.

El especialista del ejército **Ivan López,** 34, abrió fuego en el Fort Hood Army post en Texas, matando a tres y hiriendo al menos a otros 12 antes de dispararse en la cabeza después de comprometerse con la policía militar. El teniente general Mark A. Milley dijo A los periodistas que López "tenía problemas de salud conductual y salud mental".

Cherie Lash Rhoades, 44, abrió fuego en la oficina tribal de la Rancheria de Cedarville y en el centro comunitario, matando a cuatro e hiriendo a dos. Después de haberse quedando sin municiones, Rhoades agarró un cuchillo de carnicero y apuñaló a otra persona.

Aaron Alexis, 34, un veterano militar y contratista de Texas, abrió fuego en la instalación de la Armada, matando a 12 personas e hiriendo a 8 antes de ser asesinado a tiros por la policía.

Pedro Vargas, 42, incendió su apartamento, mató a seis personas en el complejo y sostuvo a otros dos rehenes a punta de pistola antes de que un equipo SWAT irrumpiera en el edificio y le dispararan fatalmente.

John Zawahri, de 23 años, armado con un rifle de asalto casero y revistas de gran capacidad, mató a su hermano y padre en casa y luego se dirigió al Santa Monica College, donde finalmente fue asesinado por la policía.

Dennis Clark III, de 27 años, disparó y mató a su novia en su apartamento compartido, y luego disparó a dos testigos en el estacionamiento del edificio y a una tercera víctima en otro apartamento, antes de ser asesinado por la policía.

Kurt Myers, 64, disparó a seis personas en las ciudades vecinas, matando a dos en una barbería y dos en un negocio de cuidado de automóviles, antes de ser asesinado por oficiales en un tiroteo después de un enfrentamiento de casi 19 horas.

Adam Lanza, de 20 años, mató a su madre en su casa y luego condujo a la escuela primaria Sandy Hook. Forzó su camino dentro y abrió fuego, matando a 20 niños y seis adultos antes de suicidarse.

Andrew Engeldinger, 36, al enterarse de que estaba siendo despedido, fue en un tiroteo, matando al dueño del negocio, tres compañeros de trabajo, y un conductor de UPS. Luego se suicidó.

Wade Michael Page, 40, abrió fuego en un Gurdwara Sikh antes de morir de un disparo autoinfligido durante un tiroteo con la policía.

James Holmes, de 24 años, abrió fuego en una sala de cine durante la noche de apertura de "la noche oscura se eleva" y más tarde fue arrestado fuera.

Ian Stawicki, 40, mató a tiros a cuatro clientes en un café, y a otra persona durante un robo cerca, y luego se disparó a sí mismo cuando la policía cerró. (murió más tarde ese día en un hospital de Seattle.)

One L. Goh, 43, un exestudiante, abrió fuego en un aula de enfermería. Huyó de la escena en coche y fue arrestado cerca unas horas más tarde.

Jeong Soo Paek, 59, regresó a un balneario coreano del que había sido expulsado después de un altercado. Le disparó a dos de sus hermanas y a sus maridos antes de suicidarse.

Scott Evans Dekraai, 42, abrió fuego dentro de un salón de peluquería y más tarde fue arrestado. Las víctimas muertas en el ataque incluyeron a su ex-esposa, quien Dekraai tuvo una historia de abuso violento, según los registros de la corte. Los dos también habían participado en una amarga Batalla de custodia.

Eduardo Sencion, de 32, abrió fuego en un restaurante de la casa internacional de panqueques y más tarde murió de una herida de bala autoinfligida.

Jared Loughner, de 22 años, abrió fuego fuera de un Safeway durante una reunión constituyente con la diputada Gabrielle Giffords (D-Ariz.) antes de ser sometido por transeúntes y arrestado.

Omar S. Thornton, 34, disparó su lugar de trabajo en Hartford Beer distribuidora después de enfrentar problemas disciplinarios, luego se suicidó.

Maurice Clemmons, 37, un delincuente que estaba bajo fianza por cargos de violación de niños entró en una cafetería un domingo por la mañana y disparó a cuatro policías que habían ido allí para usar sus computadoras portátiles antes de sus turnos. Clemmons, que fue herido huyendo de la escena, más tarde fue asesinado a tiros por un oficial de policía en Seattle después de una cacería humana de dos días.

El psiquiatra del ejército **Nidal Malik Hasan,** 39, abrió fuego contra una base del ejército en un ataque ligado al extremismo islamista. Hasan fue herido durante el ataque y más tarde arrestado.

Jiverly Wong, 41, abrió fuego en un centro de la asociación cívica americana para inmigrantes antes de suicidarse.

Robert Stewart, 45, abrió fuego en una residencia de ancianos donde su esposa distanciada trabajaba antes de ser disparado y arrestado por un oficial de policía.

El empleado descontento **Wesley Neal Higdon,** de 25 años, disparó una fábrica de plásticos de Atlantis después de que fuera escoltado fuera de su lugar de trabajo para una discusión con un supervisor. Higdon disparó al supervisor fuera de la fábrica antes de abrir fuego a sus compañeros de trabajo dentro. Luego se suicidó.

Steven Kazmierczak, de 27 años, abrió fuego en una sala de conferencias, y luego se disparó y se suicidó antes de que llegara la policía.

Charles "cookie" Lee Thornton, 52, se fue en un alboroto en el Ayuntamiento antes de ser disparado y asesinado por la policía.

Robert A. Hawkins, de 19 años, abrió fuego en el centro comercial de Westroads antes de suicidarse.

El ayudante del Sheriff de fuera de servicio, **Tyler Peterson,** de 20 años, abrió fuego dentro de un apartamento después de una discusión en una fiesta de bienvenida. Él huyó de la escena y más tarde se suicidó.

El estudiante de Virginia Tech, **Seung-Hui Cho**, de 23 años, abrió fuego en el campus de su escuela antes de suicidarse.

Sulejman Talović, de 18 años, arrasó el centro comercial hasta que fue asesinado a tiros por la policía.

Charles Carl Roberts, 32, disparó a 10 chicas jóvenes en una escuela de una habitación en Bart Township, matando a 5, antes de tomarse su propia vida.

Kyle Aaron Huff, de 28, abrió fuego en un 'rave afterparty' en el barrio de Capitol Hill de Seattle antes de suicidarse.

La exempleada de correo postal **Jennifer Sanmarco,** de 44, mató a tiros a un antiguo vecino y luego condujo a la planta de procesamiento de correo donde trabajaba. En su interior, abrió fuego, matando a seis empleados antes de suicidarse.

Jeffrey Weise, de 16 años, asesinó a su abuelo, que era un oficial de policía, y la novia de su abuelo. Weise luego condujo el coche patrulla de su abuelo a Red Lake Senior High School y abrió fuego en el campus de la reserva, matando a otras siete personas antes de cometer suicidio.

Terry Michael Ratzmann, miembro de la Iglesia del Dios Viviente, 44, abrió fuego en una reunión de la iglesia en un hotel Sheraton antes de suicidarse.

Nathan Gale, de 25 años, posiblemente molesto por la ruptura de Pantera, baleado por el ex guitarrista de Pantera Dimebag Darrell y otros tres en un programa de Damageplan ante un oficial de policía fatalmente disparó a Gale.

El trabajador de la línea de montaje **Douglas Williams,** 48, abrió fuego en su lugar de trabajo de Lockheed Martin en un ataque motivado racialmente antes de suicidarse.

El empleado despedido **William D. Baker**, 66, abrió fuego en su antiguo lugar de trabajo de Navistar antes de suicidarse.

Michael McDermott, 42, abrió fuego contra los compañeros de Edgewater Technology y más tarde fue arrestado.

El empleado del Hotel **Silvio Leyva,** 36, mató a tiros a cuatro compañeros de trabajo en el Radisson Bay Harbor Inn antes de matar a una mujer afuera que se negó a darle su coche. Fue arrestado poco después de los tiroteos.

Byran Koji Uyesugi, 40, un técnico de servicio de Xerox, abrió fuego dentro del edificio con un Glock de 9 mm. Huyó y más tarde fue detenido por la policía.

Larry Gene Ashbrook, 47, abrió fuego dentro de la Iglesia Bautista de Wedgwood durante un Rally de oración antes de suicidarse.

El comerciante de día **Mark O. Barton,** de 44, que había perdido recientemente una sustancial suma de dinero, fue a una racha de disparos a través de dos empresas de comercio de día. Comenzó en el grupo de inversión All-Tech, donde trabajó, luego pasó a Momentum Securities. Huyó y horas más tarde, después de ser acorralado por la policía fuera de una gasolinera, se suicidó. (Dos días antes de la matanza, mató a su esposa y a dos niños con un martillo.)

Eric Harris, de 18 años, y Dylan Klebold, de 17 años, abrieron fuego por toda la escuela secundaria de Columbine antes de suicidarse.

Después de que fue expulsado por tener un arma en su casillero, **Kipland P. Kinkel**, de 15 años, un estudiante de primer año en Thurston High, fue a una juerga de tiro, matando a sus padres en casa y dos estudiantes en la escuela. Cinco compañeros de clase lucharon contra kipland en el suelo antes de ser arrestado.

Mitchell Scott Johnson, de 13 años, y Andrew Douglas Golden, de 11, dos juveniles, emboscaron a estudiantes y maestros al dejar la escuela; fueron aprehendido por la policía en la escena.

El trabajador de la lotería **Matthew Beck,** 35, derribó a cuatro jefes por una disputa salarial antes de suicidarse.

El ex empleado de Caltrans, **Arturo Reyes Torres,** de 41, abrió fuego en un patio de mantenimiento después de que fue despedido por supuestamente vender materiales del gobierno que había robado del trabajo. La policía le disparó a tiros.

Arthur Wise, 43, abrió fuego en la compañía R.E. Phelon en represalia por ser despedido después de una discusión con un supervisor. Intentó suicidarse por ingerir insecticida, fracasó, y fue ejecutado por el estado de Carolina del sur ocho años más tarde.

El empleado del parque de la ciudad, **Clifton McCree,** 41, abrió fuego contra antiguos compañeros de trabajo que llamó "demonios racistas" dentro de su remolque municipal en un acto de venganza después de fallar una prueba de drogas. Luego se suicidó.

El descontento ex metalúrgico **James Daniel Simpson,** de 28, abrió fuego en toda la compañía Walter Rossler, donde había trabajado antes de salir del edificio y suicidarse.

El ex aviador **Dean Allen Mellberg**, de 20 años, abrió fuego dentro de un hospital en la base de la fuerza aérea Fairchild antes de ser asesinado a tiros por un oficial de policía militar afuera.

Nathan Dunlap, de 19 años, un empleado de Chuck E. Cheese recientemente despedido, se fue en un alboroto a través de su antiguo lugar de trabajo y fue arrestado al día

siguiente. Ahora espera la ejecución en el corredor de la muerte.

Colin Ferguson, 35, abrió fuego en un tren de Long Island Rail Road hacia el este, ya que se acercó a una estación de Garden City. Más tarde fue arrestado.

El sargento del ejército **Kenneth Junior French,** de 22 años, abrió fuego en el restaurante italiano de Luigi mientras despotricaba sobre gays en el ejército antes de ser disparado y arrestado por la policía.

El empresario fallido **Gian Luigi Ferri,** 55, abrió fuego en todo un edificio de oficinas antes de suicidarse en el interior mientras la policía lo perseguía.

John T. Miller, 50, mató a cuatro trabajadores de manutención de niños en un edificio de oficinas del Condado antes de encender el arma. Miller estaba molesto por una orden judicial que embargaba su sueldo para cubrir los pagos vencidos de manutención de niños.

El ex estudiante de secundaria **Lindhurst Eric Houston**, de 20 años, enojado por varios fracasos personales, mató a tres estudiantes y a un maestro en la escuela antes de rendirse a la policía después de un cnfrentamiento de ocho horas. Más tarde fue condenado a muerte.

El trabajador postal **Thomas Mcilvane,** de 31, abrió fuego en su antiguo lugar de trabajo antes de suicidarse.

La ex estudiante de posgrado **Gang Lu,** de 28, tuvo un alboroto en el campus y luego se suicidó en la escena.

George Hennard, 35, condujo su camioneta a la cafetería de un Luby y abrió fuego antes de suicidarse.

James Edward Pough, 42, abrió fuego en una oficina de General Motors Acceptance Corporation antes de suicidarse. (El día anterior, Pough mató a un proxeneta y

prostituía e hirió a otros dos. Esas víctimas no están incluidas en el conteo de asesinatos masivos.)

Joseph T. Wesbecker, 47, derribó a ocho personas en su antiguo lugar de trabajo antes de suicidarse.

Patrick Purdy, de 26 años, un alcohólico con antecedentes policiales lanzó un asalto en la escuela primaria de Cleveland, donde muchos jóvenes inmigrantes del sudeste asiático se inscribieron. Purdy se suicidó con un tiro en la cabeza.

El ex empleado de ESL Incorporated, **Richard Farley,** 39, derribó a siete personas en su antiguo lugar de trabajo, después de acechar y acosar a un compañero de trabajo que estaba románticamente interesado. Más tarde fue arrestado y ahora se sienta en el corredor de la muerte en San Quintín.

El bibliotecario retirado **William Cruse,** de 59, era un vecino paranoico que cotizó que era gay. Condujo a un supermercado Publix, matando a dos estudiantes de Florida Tech en ruta antes de abrir fuego afuera y matar a una mujer. Luego condujo a un supermercado Winn-Dixie y mató a tres más, incluyendo a dos policías. Cruse fue arrestado después de tomar un rehén y murió en el corredor de la muerte en 2009.

El trabajador postal **Patrick Sherrill,** 44, abrió fuego en una oficina de correos antes de suicidarse.

James Oliver Huberty, 41, abrió fuego en un restaurante de Mc Donald's antes de ser asesinado por un oficial de policía.

Abdelkrim Belachheb, 39, abrió fuego en un club nocturno de lujo después de que una mujer rechazara sus avances. Más tarde fue arrestado.

El profesor de secundaria **Carl Robert Brown**, 51, abrió fuego dentro de una tienda de soldadura y más tarde fue asesinado a tiros por un testigo mientras huía de la escena.

Gary Martin, un trabajador de una fábrica. de 45 años de edad en Aurora, Illinois, mató a cinco compañeros de trabajo en la planta de fabricación de Henry Pratt Co. en los suburbios de Chicago durante una reunión en la que fue despedido. Otro compañero de trabajo también resultó herido, al igual que los primeros cinco policías que llegaron a la escena. Martin pudo adquirir la pistola de calibre .40 que usó porque una verificación de antecedentes no reveló una condena por delito grave anterior por agresión agravada en Mississippi. Después de una cacería humana de 90 minutos dentro de los 29,000 pies cuadrados. ft., fue asesinado en un tiroteo con la policía.

Connor Betts, 24, mató a nueve personas e hirió a unas 27 personas cerca de Ned Peppers Bar en el histórico distrito de Dayton en Oregón después de abrir fuego con un rifle calibre 223. el 4 de agosto del 2019.

Patrick Crusius, de 21 años, de Allen, Texas, armado con un rifle irrumpió a tiros en un supermercado Walmart; en el lado este de El Paso, Texas que dejó 22 muertos, entre ellos, un veterano del Ejército de los EE. UU. y ciudadanos mexicanos, el 3 de agosto del 2019.

https://docs.google.com/spreadsheets/d/1b9o6uDO18sLxBqPwl_Gh9
bnhW-ev_dABH83M5Vb5L8o/edit#gid=0

Dos casos diferentes pero evidentes

Por supuesto que es ilógico pensar que todos estos casos están vinculados a una conspiración para llevar a cabo cambios constitucionales y el llamado 'Control de Armas', con el fin de desarmar a la población. Por supuesto que hay casos aislados, casos de arrebatos, de ira, de colera, de sed de venganza, de matar, de suicidarse y acabar con la vida de otros, de remordimientos, fanatismo e incluso terrorismo

En los casos de escuelas, universidades o colegios, iglesias, etc., estos cumplen con un modelo de personalidad. Muchas de estas matanzas son tan evidentes que no cabe duda que son fabricadas, y a la vez son intrigantes porque ni la prensa, ni los medios, ni el FBI, ni el departamento de policía nos explica realmente los motivos que tuvo el asesino.

En el caso de Nikolas J. Cruz de 19 años, quien asesinó a 17 personas e hirió a otras 17 en Marjory Stoneman Douglas High School de la ciudad de Parkland, en Florida, salieron a la luz en las redes sociales un video o videos que se había grabado el hablando de lo que iba a hacer, y en su declaración lucia como un soldado que iba a cumplir una misión, diciendo exactamente "Mi nombre es Nick y voy a ser el próximo school shooter 2018, mi meta es al menos 20 personas, el lugar es... Stoneman Douglas (mirando hacia lo que pareciera era un cartel con el nombre de la escuela (su escuela, según dijeron), en Parkland, Florida. Será un gran evento, cuando me vean en las noticias, ustedes sabrán quien soy... jejeje, ustedes van a morir, no puedo esperar". Pareciera sinceramente que tenía asignada esa misión y esa escuela. Luego graba otros dos videos desde su teléfono, uno de ellos leyendo una carta que escribió aparentemente él, aunque pareciera más bien que alguien se la escribió, y en el último video dice paso a paso lo que iba a ser con su AR40.

El video está disponible en:

https://www.youtube.com/watch?v=ZRKhf1DkTPA

Hay otros videos en youtube del interrogatorio que le hicieron, y en una parte hay un amigo de él aparentemente le pregunta porque hiciste tal cosa, porque no me contestaste, Nick habla de una gente y el amigo le pregunta 'que gente', él dice 'gente irrelevante' y calla como no queriendo decir más. Si a este joven aislado, mediocre, con trastornos de personalidad le ofrecieron algo, aunque pase su vida en presión, creo que no hablaría, aunque lo más probable es que hayan programado su mente para ejecutar eso sin decir nada. Estos métodos lo han usado la CIA, la KGB, y otras agencias secretas de inteligencia e infiltración. No es nuevo, se usó en la primera y segunda guerra mundial para ejecutar atentados e infiltrar individuos en las filas enemigas.

Este caso se convirtió en una campaña política en contra de las armas y en favor del 'control de armas', los jóvenes sobrevivientes como Emma González y David Hogg fueron los principales reclutas o activistas. Estos jóvenes pasaron más tiempo en campañas y propagandas por todo el país, que, en la misma escuela, después del evento. Estaban sin dudas bien entrenados. Lo curioso es que David Hogg había sido trasladado de California a Florida, era un nuevo estudiante en esa escuela y fue el líder principal de la campaña antiarmas. ¡Curioso eh! Hay otro caso que se encontró a una de las jóvenes del grupo de testigos que también salía en otras fotos de otros colegios en otras ciudades anteriores; como que ésta era una testigo fabricada. Sin dudas, estos activistas son pagados, preparados y entrenados, así como el mismo perpetuador de la matanza.

Me gustaría mostrarles fotos de esos falsos testigos o sobrevivientes, pero fueron borradas del internet y ya no se encuentran. También han sido censurados y eliminado

blogs, páginas y canales de personas que han denunciado estos hechos o han presentado pruebas de esta falsa.

Otro caso diferente pero evidente es el de Stephen Craig Paddock de 64 años, el supuesto y único perpetuador de la masacre del concierto de música country en Las Vegas, Nevada, donde mató a 58 personas e hirió a 546. Un señor sin records criminales, ni trastornos psicológicos, no solo afiliado al partido demócrata sino también un activista anti-trump, puesto que fue visto en marchas de protesta contra la administración Trump y sale en numerosos videos que puede encontrar en youtube, si no lo han borrado. Este no vivió para contarlo, porque fue eliminado después de haber disparado por casi una hora sin parar.

Esta masacre fue bien planeada, dirigida a una mayoría blanca, pues la mayoría de las personas que les gusta la música country son los anglosajones, y en los estados donde más se escucha esta música fueron precisamente donde ganó por mayoría el partido republicano. Esto huele a venganza, más la intención de convencer también a la mayoría anglosajona y republicana que definitivamente debe de cambiarse la 2da Enmienda de la Constitución y prohibir la venta de armas de toda clase, recogiendo las que ya han sido vendidas. Esa es la batalla que está cnfocada ahora la izquierda americana, para así, al tomar nuevamente La Casa Blanca, poder hacer más cambios y drásticos, como lo advirtió Hillary Clinton en un rally de la Ciudad de New York en Enero del 2016, y cito: "Haremos grandes cambios como nunca antes y gastaremos y haremos todo lo que sea necesario hacer"; mmm, me imagino también que en esos planes este la unificación de poderes y las tácticas de Lenin para una revolución socialista dentro de un país capitalista. ¿Especulo? No. Simplemente no hay peor ciego que el que no quiera ver.

Varias filmaciones que hicieron con celulares durante los disparos desde el hotel muestran que había otro pistolero en el piso 4 o más arriba.

El FBI nunca ha dicho nada sobre la nota que dejo Paddock (el sujeto asesino que también fue baleado) en su habitación. Tampoco explican como una sola persona pudo entrar con tanto armamento y municiones en el hotel. ¿Una persona que pasaría unos días solamente, cargaría 30 maletas? ¿Qué explicación tiene eso?

Un hombre que nunca estuvo en el ejército, no le gustaban las armas o al menos nunca mostró interés en tener alguna, según explica su hermano en Florida y su novia filipina. Aparentemente era un hombre pacífico y profesional retirado. Algo anciano para cargar tantas armas, correr 50 pies de un lado a otro de lo que aparentemente fueron los ángulos que uso para disparar desde su habitación. ¿Como un hombre sin conocimiento de armas, un hombre rico y con buena reputación pudo cometer un crimen de esa magnitud?

Si quería hacer historia e inmolarse por venganza, por fanatismo ideológico o descontento con la "Injusticia Social" y el gobierno actual, hubiera ido a la Casa Blanca o a un evento político a desahogarse matando políticos o seguidores.

Sencillamente esto fue bien orquestado, y lo más seguro fue para atacar a la actual administración y obligar al Congreso y Senado a retirar las armas. Fue un señuelo, una estrategia para convencer a los votantes, a los ciudadanos de ambas partes, de que es la única manera de terminar con el crimen. Pero ¿quién realmente está detrás de este crimen? Quisiera equivocarme, pero la forma que han tratado esto es bien intrigante e indiferente. Muerto Stephen Paddock sin una nota, una grabación, un video, sin aviso, sin causa, simplemente se cerró el caso. Ahora, a tomar las medidas para volver a evitar otra masacre. Como dijo Clinton,

"debemos gastar y hacer todo lo que sea para realizar los cambios necesarios". Así es como piensa esta gente. ¿Pero qué hay del segundo pistolero?

Sigan creyendo que los americanos son tan estúpidos para aceptar todo lo que les hacen creer. Sigan creyendo que podrán salirse con las suyas y que no habrá justicia. "Porque nada hay oculto, que no haya de ser manifestado; ni escondido, que no haya de ser conocido, y de salir a luz." (Lucas 8:17).

Lo intrigante de este caso es que no había realmente un motivo de venganza, de trastornos de personalidad, de que este hombre pudiera pasar tantas maletas con armamento pesado y miles de municiones, pues no se usó solo un arma sino varias, tampoco disparó de una ventana sino de varias e incluso según testigos, los disparos provenían de varios pisos, al menos de dos pisos del hotel; cosa que no puede hacer un solo hombre. Tampoco que dejara una carta aparentemente en la habitación de hotel de la que nunca se habló, pero que las fotos del FBI fueron filtradas y apareció en internet, nunca se habló de su relación con un guardia de seguridad de origen hispano que desapareció después del evento y fue más tarde detenido e interrogado. Algunos testigos que fueron entrevistados hablaron de una mujer que se paseó por entre la multitud gritando 'todos van a morir', cosas que jamás apareció en la prensa ni en la televisión, solo se pudo ver en videos de youtube que también fueron eliminados. Nunca se aclaró del vínculo que tenía Paddock con grupos terroristas ni del interrogatorio que se le hizo a su pareja filipina, también desaparecida después del evento y muchas otras intrigas más que nunca fueron aclaradas y simplemente se echaron al olvido

No tengo las pruebas para mostrarles, muchas cosas fueron eliminadas del internet, quizás cuando usted lea este libro, pueda encontrar algún video de esto que le hablo en youtube, dailymotion, en Bing o en Google.

No hay ficción que supere la realidad, porque muchas de estas historias de ficción son sacadas de una realidad. El ser humano con el afán de poder y control es capaz de hacer cualquier cosa, sea del partido que sea, pero precisamente la izquierda política es la que ha demostrado a través de la historia que la única manera de mantener el poder es teniendo el control, unificando tres poderes: el ejecutivo, el legislativo y el judicial, desarmar a la población y mantenerlos pobres, mediocres, dependientes y sumisos. Los candidatos de Manchurian y los Jason Bourne aunque sean ficción son creados de historias reales, de la vieja escuela, propio de regímenes dictatoriales.

Hay muchos métodos, como hipnosis, lavado de cerebro, adoctrinamiento, realidad virtual, medicamentos o drogas, manipulación de la mente y reboot memorial.

Control de armas

Para levantar una torre fuerte o edificio alto es necesario un buen fundamento, que sería la base de la construcción, más sus columnas principales que lo sostienen, después todo es rápido, veloz y acelerado. Muchas veces toma más tiempo construir su fundamento que el mismo edificio, dependiendo de la magnitud de la edificación y de su altura. Es por eso que, aunque los políticos, empresarios, poderosos y organizaciones o grupos involucrados sean o lo integren seniors en su mayoría, y sepan que no verán ese cambio tan ansiado, y no podrán experimentar la plenitud de la transformación social, política y económica a la que pretenden y ansían llegar, lo cierto es que están sembrando la semilla que dará ese fruto y que ya está germinando, están fundando ya las bases de esos cambios y transformaciones, para lograr el control total, para tener mayor poder y dominio y pasarlo a las futuras generaciones partisanas, a su descendencia, a modo de dinastía.

La base y fundamento para lograr el poder absoluto, el dominio de las masas y el control total es la unificación de los poderes políticos: Ejecutivo, Legislativo y Judicial. Tratar de imponer esos cambios para tener el control y perdurar, es imprescindible desarmar a la población. Esto evitaría la creación de grupos armados o milicias que puedan organizarse para luchar contra el estado, contra el tirano que quiere imponerse y contra todas las leyes y medidas de este gobierno dominante. Es obvio, lógico, es sentido común, ha sido así a través de la historia; si no, pregúntenle a Yakubu Gowon. Mengistu Haile Mariam, Kim II Sung, Pol Pot, Ismail Enver Pasha, Hideki Tojo, Leopold II de Bélgica, Adolf Hitler, Josef Stalin, Mad Zedong, Fidel Castro y hasta Hugo Chávez, dictadores y tiranos que se hicieron del poder absoluto, estableciendo primeramente el

'control de armas' o desarme de la población, para reprimirlos sin obstáculos, contratiempos ni escrúpulos. Algunos de ellos murieron en el poder de enfermos o de vejez. Como dice el refrán en inglés: "First things first" (lo primero es lo primero), un paso a la vez, todo comienza con el primer paso, ya después de tener el plan.

Si no supiéramos las intenciones que tienen los demócratas en Estados Unidos, esa nueva izquierda floreciente e imponente, que nos advierte de antemano sus propósitos con las declaraciones de sus líderes, y su afán de cambios y de abrogar enmiendas de la Constitución como la primera y la segunda enmienda, la primera es con la del pensamiento único, la segunda con el control de armas, para llevar a cabo su revolución social, entonces no estaríamos tan alertas; pero lo sabemos, lo han declarado abiertamente y nos quieren imponer ese Nuevo Orden Mundial en la que no solo está involucrado un partido político sino ambos partidos mayores y partidos menores. A muchos le conviene que haya más pobres, para ellos ser más ricos.

La peligrosa agenda demócrata

• GUN CONTROL (Control de Armas):

Antiguo método usado por Stalin, Mao Tse Tun, Qaddafi, Pol Pot, King II Jong, King Jong Un, Idi Amin, Castro y otros dictadores, para establecer sus dictaduras y prolongar su existencia. Controlar quien tiene las armas, prohibir que el pueblo se arme para evitar sublevación y surgimiento de otra revolución en armas. No solo por protección de los delincuentes y maleantes sino del propio gobierno.

• ALIANZA CON ENEMIGOS (Ejemplo: Irán, Cuba, Vietnam, etc.):

Antiguo método que usaba emperadores romanos y hasta el propio Hitler para el dominio de territorios y expansión de su ideología. En el caso de Irán (enemigo histórico de

Estados Unidos y muy peligroso por su afán de desarrollar armamento nuclear), pretender con este tomar control de la región es un poco ingenuo. No se puede definir el verdadero propósito, pero lo que sí parece claro es que están demostrando su interés de expandir la cultura islámica al occidente y su ideología izquierdista, socialista, llamada para ellos "Progresistas", como cumplir con su compromiso de negociación y colaboración con aquellos que financian sus campañas.

• OBAMA CARE:

Método de control sobre la población, y un nuevo paso hacia el Nuevo Orden Mundial. Próximo paso hubiera sido el microchip invisible que usaríamos todos como medio de Seguro. Según palabras del mismo Obama. El primer paso a la Globalización. Lo que sería la antesala del Anticristo (la marca de la bestia).

• CAMBIOS EN LA CONSTITUCION:

El control de armas es solo el principio de los cambios constitucionales de la agenda demócrata, violando la segunda enmienda dictada en 1789 y promulgada en 1791, la decimocuarta sobre ciudadanía, la vigesimoquinta dándole poder al presidente sobre la ley. La primera enmienda también peligraría porque ya la libertad de expresión era una libertad controlada y limitada y lo seguirá siendo, y la más importante, la vigesimosegunda enmienda que le da la limitación al presidente a solo dos periodos de cuatro años. No se puede afirmar con certeza estos puntos de interés, pero en las declaraciones hechas por Obama y candidatos demócratas sugieren cambios específicos y grandes en estos aspectos. Recuerde que en la constitución ya se hicieron cambios revocando la decimoctava de la ley seca creando una nueva enmienda, la vigesimoprimera. En los planes de la izquierda siempre ha existido La Revisión de la Constitución.

• LEGALIDAD DE LA INMORALIDAD:

Con esta se ha dado inicio a la degeneración de las costumbres y la moral de la sociedad y cultura estadounidense. Ya ustedes saben de qué hablamos. Auge e imposición del LGTB, Feminismo, Narcisismo, la Ideología de Género y el adoctrinamiento infantil y juvenil hacia la diversidad, el multiculturalismo, la igualdad de clases, el marxismo cultural. Lo cierto es que esta nación fue fundada por peregrinos cristianos venidos de Europa y gobernantes nacidos en suelo americano con principios y valores como Washington, Jefferson, Franklin, Adams, Abraham Lincoln, etc. Lo que ha llevado a ser la nación más bendecida de la tierra sirviendo de bendición a otras naciones, surgiendo la primera potencia mundial y ejemplo de progreso y bienestar para todas las naciones. El pecado maldice la nación y eso lo sabían muy bien los padres de la patria.

• LEGALIZACION DEL ABORTO:

Aunque la interrupción voluntaria del embarazo se legalizó el 22 de Enero de 1973, habían ciertas restricciones en algunos estados, cosa que ya en el 2016 es completamente a voluntad de la madre y sin consentimiento del padre. Esto es otro pecado que se afirma, convirtiendo el crimen de asesinar a un ser humano en algo legal. Cualquier mujer en gestación tiene el derecho de quitarle el derecho a un ser humano a vivir no importa la razón que tenga.

• REFUGIADOS MUSULMANES:

Esta es la más peligrosa, porque no hay control de quienes realmente son perseguidos en Siria, Irak, y países en guerra de África y el Medio Oriente. Esto provocara la infiltración de miles de terroristas islámicos, como ha ocurrido en el pasado. Recordemos que 19 terroristas acabaron con la vida de más de 3 mil personas el 11 de Septiembre del 2001, entre ellos habían refugiados residentes en USA. Lo mismo ha pasado en Europa que recibe cierta cantidad de

refugiados de países islámicos, lo cuales han creado caos, cometido crímenes y actos terroristas a través de toda Europa. En otras masacres hemos visto que una o dos personas han acabado con la vida de 30 a 50 personas en un solo día. Los atentados que antes de la administración Obama eran aislados y no tan frecuentes, pronto serian noticias diarias, aumentaría la población musulmana y el extremismo cobrara más fuerza, porque su fin es el dominio mundial. El presidente Obama quien pertenece a la Hermandad Musulmana de América estaba claro de los planes estratégicos de esta sociedad que busca gobernar en Estados Unidos. Por si usted no lo sabía, en todo Estados Unidos hay campos de entrenamiento para soldados musulmanes, los terroristas no solo están en suelo norteamericano, sino que se entrenan y se arman aquí mismo.

Recomiendo leer este artículo sobre la estrategia del plan de la hermandad musulmana de América:

www.maozisrael.org/site/PageServer?pagename=maoz_spanish_0115

"Todos los caminos del pensamiento progresista conducen al Socialismo." Cita de Fidel Castro (2 de Diciembre de 1976) /1.

• FRONTERAS ABIERTAS:

A los demócratas no les interesa los ciudadanos ni la nación, lo que buscan es poder. Es por eso que promueven el multiculturalismo, la diversidad, la igualdad social y las fronteras abiertas, para ganar votantes y prevalecer en el poder. Ellos se proclaman los defensores de los pobres y de los inmigrantes. Estados Unidos recibe un promedio de un millón de inmigrantes legales cada año y nunca ha puesto obstáculos con la inmigración legal, la lucha es contra la inmigración ilegal. El deber del gobierno es proteger sus fronteras y a sus ciudadanos, y hacer cumplir las leyes. Tenemos muchos enemigos y muy poderosos, entre

dictaduras comunistas y religiosas que desean destruir esta nación poderosa de bendición para el mundo, así como los terroristas, los narcotraficantes, los humano traficantes, los sicarios, bandas o gangas y enemigos domésticos que ya están aquí y están haciendo daño. Fronteras abiertas significa más descomposición y degeneración de la sociedad, más crimen, más actos terroristas, más droga, más corrupción, más prostitución, más impuestos (para poder pagar a toda esa multitud de personas que recibirían beneficios de asilo, salud y educación, y gradualmente la destrucción de la sociedad. Europa está sufriendo las consecuencias de sus fronteras abiertas, al punto que países altamente desarrollados y con un nivel de vida alto, están cada vez más desmoralizados, degenerados, deteriorados, destruidos y peligrosos, debido al aumento del crimen, la violencia, el terrorismo. Ya en las calles de muchos países europeos las mujeres no quieren salir en la noche solas por temor a ser atacadas, violadas y abusadas. Las autoridades ya no tienen control de la situación que cada vez es más deprimente.

El cambio demográfico ha ido aumentando vertiginosamente en la última década y muy pronto la minoría se convertirá en mayoría y probablemente Europa pase a ser parte del tercer mundo si no toman control de la inmigración desordenada. Gracias a sus líderes globalistas, los europeos han perdido mucho de su cultura, sus valores y sus naciones.

• GLOBALIZACION:

Esta es la agenda globalista de la izquierda en el mundo entero, crear tres imperios a nivel mundial: el político, el económico y el religioso para dominar en el mundo entero; lo que sería el comienzo de un Nuevo Orden Mundial. El globalismo viene a ser como la nueva ideología donde existiría un gobierno mundial que controle la economía mundial y en donde se crearía un sincretismo religioso controlado por el Vaticano y el Islam. Las empresas y

grandes corporaciones se unificarían para crear un monopolio a nivel mundial con el control del Banco Mundial, el Fondo Monetario Internacional, la Organización Mundial del Comercio, Banco Central Europeo, Naciones Unidas, Unión Europea, diversos bancos extranjeros, logias para masónicas, think-tanks, etc.

---

1. www.fidelcastro.cu/node/2732

Cómo el control de armas se convirtió en un instrumento de tiranía en Venezuela

Por José Niño 01/16/2019

¿Venezuela está pagando el precio por adoptar el control de armas?

La naturaleza impactante del colapso económico de Venezuela ha sido cubierta ad nauseam. Sin embargo, un aspecto de la crisis venezolana que no recibe mucha cobertura es el régimen de control de armas del país.

Fox News recientemente publicó un excelente artículo que destaca el arrepentimiento de los ciudadanos venezolanos por las políticas de control de armas que el gobierno venezolano ha implementado desde 2012. Naturalmente, este arrepentimiento está justificado. El gobierno venezolano se encuentra entre los más tiránicos del mundo, con un historial comprobado de violaciones de las libertades civiles básicas, como la libertad de expresión, la devaluación de su moneda nacional, la confiscación de propiedades privadas y la creación de controles económicos que destruyen la productividad del país.

Las elecciones han demostrado ser inútiles, ya que han estado llenas de corrupción y cargos de manipulación del gobierno. Para muchos, tomar las armas es la única opción que le queda al país para deshacerse de su gobierno tiránico. Sin embargo, el gobierno venezolano ha hecho bien en evitar un levantamiento al aprobar el control de armas draconiano que se detallará a continuación.

La falta de una tradición de segunda enmienda en Venezuela

Históricamente hablando, Venezuela nunca ha tenido una historia sólida del porte de armas privado como la de los Estados Unidos. La ausencia de una Segunda Enmienda o el control del monopolio del gobierno federal sobre el uso de armas de fuego es un vestigio de su legado colonial. Sus señores coloniales españoles no poseían una cultura política de propiedad de armas de fuego civiles. Fueron principalmente los militares y la nobleza terrateniente los que sostuvieron armas de fuego durante toda la era colonial. Esta tradición ha persistido incluso después de que los países latinoamericanos se separaron de España en la década de 1820.

Adelantándose al siglo XX, Venezuela comenzó sus primeros intentos de modernizar su política de armas. En 1939, el gobierno venezolano promulgó la Ley de Armas y Explosivos que estableció el monopolio del estado venezolano sobre el uso de armas de fuego. El Estado era la única entidad que podía poseer "armas de guerra" que incluía: cañones, rifles, morteros, ametralladoras, carabinas, pistolas y revólveres. Los civiles solo podían poseer rifles y escopetas .22, y en ciertas circunstancias podían poseer armas de fuego siempre que obtuvieran una licencia.

El papel de las ideas progresistas en la consolidación del estatismo venezolano

Las ideas importan. No es de extrañar que Venezuela se haya embarcado en esta escapada de control de armas a fines de la década de 1930. Este fue un período en el que el estatismo estaba de moda en todo el mundo como lo atestigua el auge del fascismo y el comunismo en Europa. Incluso durante la era del New Deal, los EE. UU. iniciaron su primera incursión en el control federal de armas con la aprobación de la Ley Nacional de Armas de Fuego (NFA por sus siglas en inglés) de 1934. A pesar de sus políticas contra

las armas, Venezuela al menos mantuvo cierta apariencia de gobierno limitado en asuntos económicos hasta los años setenta.

Sin embargo, la nacionalización de su industria petrolera en la década de 1970 y las subsiguientes desaceleraciones económicas de las décadas de 1980 y 1990 sacudieron las bases institucionales de Venezuela. El país estaba maduro para una toma demagógica.

La agenda anti-armas de Hugo Chávez

Cuando el hombre fuerte socialista Hugo Chávez tomó el poder, no solo se mantuvo intacta la orden de control de armas anterior de Venezuela, sino que también se amplió. El artículo 324 de la Constitución actual de Venezuela (la vigésimo sexta en su historia) mantuvo el monopolio anterior del Estado sobre las armas de fuego y colocó a las Fuerzas Armadas Nacionales de Venezuela como la entidad a cargo de regular todas las armas de fuego en Venezuela.

En 2002, el gobierno venezolano aprobó la primera versión de la Ley de Control de Armas, Municiones y Desarme, reforzando el agarre de hierro de las armas de fuego en Venezuela. Una década más tarde, la ley se modificó para mejorar el alcance del control de armas y otorgó a las Fuerzas Armadas de Venezuela el poder exclusivo de controlar, registrar, potencialmente confiscar armas de fuego.

Bajo la bandera de la lucha contra el crimen, Venezuela implementó una prohibición sobre la venta de armas de fuego y municiones en 2012. Al igual que otras prohibiciones de armas, esto resultó inútil en la lucha contra el crimen. Según las estadísticas del Observatorio de Violencia de Venezuela, la tasa de asesinatos en Venezuela aumentó de 73 asesinatos por cada 100.000 personas en 2012 a 91,8 asesinatos por cada 100.000 personas en 2016.

Control de armas: Convertir a los ciudadanos en sujetos desarmados

Los venezolanos ahora están indefensos ante un gobierno que se opone a sus libertades civiles, al mismo tiempo que destruye su sustento económico. Como si no fuera suficiente, los venezolanos de todos los días deben soportar la delincuencia desenfrenada y la constante amenaza de los colectivos, las infames unidades paramilitares pro-gobierno de Venezuela.

Si bien el control de armas en sí mismo no conduce automáticamente a la tiranía, los eventos históricos nos recuerdan que las intervenciones bien intencionadas de gobiernos anteriores pueden ser utilizadas por la siguiente ronda de agentes políticos con propósitos infames. Las prohibiciones, confiscación y registro de armas de fuego le dan al estado un virtual monopolio de la violencia, convirtiendo a sus ciudadanos en sujetos indefensos. Cuando el caucho se encuentra con el camino, una población desarmada no tiene oportunidad contra un Leviatán bien armado.

Los extranjeros pueden burlarse de la Segunda Enmienda de los Estados Unidos, pero es uno de los derechos de mayor alcance que los redactores de la Constitución se aseguraron de proteger. La agitación política puede surgir en cualquier momento y los ciudadanos deben tener un medio final para protegerse en caso de que se hayan agotado todas las opciones institucionales.

---

https://mises.org/es/wire/c%C3%B3mo-el-control-de-armas-se-convirti%C3%B3-en-un-instrumento-de-tiran%C3%ADa-en-venezuela

Los buenos necesitamos armas

'Cuando los malos saben que la gente de bien está desarmada, porque la ley así lo ordena, tienen el camino libre para atacar a los buenos.'

Por Vanessa Vallejo Actualizado Dic 26, 2018

La famosa Segunda Enmienda de la Constitución de los Estados Unidos de América protege el derecho del pueblo estadounidense de portar armas. En varias ocasiones esta parte de la Carta de los Derechos que establece que ni el gobierno federal de los Estados Unidos, ni los gobiernos estatales o locales, pueden actuar en contra de ese derecho, ha sido puesta en discusión, pero la Corte Suprema, fiel al pensamiento de los padres fundadores, ha dejado en firme esa posición.

¿Y por qué los padres fundadores se aseguraron de que en Estados Unidos se garantizara el derecho de los individuos a portar armas? Las razones son varias: tumbar a un Gobierno no constitucional, no obstaculizar el derecho natural a la autodefensa y permitir a la gente organizar sistemas de milicia, son los puntos fundamentales.

Del primer punto no se suele hablar mucho cuando se trata de armas, pero es fundamental. Una de las principales estrategias de los socialistas para permanecer en el poder es quitarle las armas a la población. Si un político defiende el libre porte de armas es porque él no tiene intenciones de instaurar una tiranía.

En Rusia en 1918 Vladímir Ilich Uliánov, Lenin, saca un decreto en el que ordena a la gente que entregue armas de fuego, espadas, bayonetas y bombas. La pena a quien no obedeciera era de diez años de prisión. Eso sí, para los miembros del Partido Comunista la norma era diferente, se

les permitió tener un arma por persona con previo registro en el libro de membresía del partido.

Ya sabemos la muerte y miseria que sobrevino a los rusos en los años siguientes por cuenta del socialismo. Y es que como dijo Lenin: "Un hombre con un arma puede controlar a cien sin ellas".

Otro "ilustre" socialista, Mao Tse Tung, dijo: "Todo buen comunista debería saber que el poder político crece en el cañón de un arma. El partido comunista debe controlar las armas". Así fue y se estima que con su "gran salto adelante" mató a 14 millones de chinos. Y entre purgas, guerras y hambrunas, algunos estiman que es responsable por la muerte de 70 millones de personas.

En Venezuela, en 2012 Hugo Chávez decidió ilegalizar la comercialización e importación de todo tipo de armas de fuego y municiones. El gobierno utilizó la excusa de un "plan general para reducir la tasa nacional de homicidios", una razón igual a la que dan en Colombia los que quieren prohibir el porte de armas. El ministro de Interior y Justicia de ese momento, Tarek El Aissami, dijo a los medios:

"Ya nadie va a poder tener armas nuevas. La venta de armas solo se hará para los cuerpos de policía y para nuestras Fuerzas Armadas. La tendencia es hacia desarmar a la población civil. En Venezuela nunca existió control sobre las tiendas de armas, que inclusive podían importar directamente desde las casas del fabricante. Las armas se vendían sin control. Eso es algo propio de la lógica del capitalismo".

Ese mismo año Chávez también decidió suspender la tramitación de nuevos permisos de porte de armas para los civiles y comenzó a realizar un registro de las armas que se encontraban en manos de ciudadanos. Hoy, la gente que en ese momento aplaudió las medidas, y le creyó al gobierno que se trataba de una estrategia para bajar los índices de

violencia, pide ayuda internacional porque no tiene armas para defenderse de la tiranía chavista.

Los padres fundadores de los Estados Unidos de América tenían claro que en el momento en que el pueblo se quede sin armas, se queda sin cómo defender la libertad del acecho de los tiranos. La población estadounidense sigue con este pensamiento, en 2016, el 76% de los estadounidenses se oponía a la derogación de la Segunda Enmienda, en 1960 esta cifra era solo del 36%.

Los hombres libres tienen armas, los esclavos no. Y en estos tiempos, en los que casi todos los países de la región tienen un político totalitarista, con posibilidades de llegar al poder, entregar las armas, e incluso aplaudir que nos las quiten, es una estupidez monumental. Para terminar este punto, le pregunto al lector: si el Maduro de su país llegara al poder preferiría que usted y su familia estuvieran armados o desarmados.

Luego hay otro punto fundamental, este sí más discutido, y es la necesidad de tener armas para defenderse del crimen común, de los ladrones, asesinos, violadores, etc. El solo hecho de que en una sociedad se permita el libre porte de armas, o que por lo menos haya unas condiciones razonables para poder tener un arma, ya cambia todo el panorama. En un país en el que es muy probable que la gente tenga armas, será menor la posibilidad de que alguien se atreva a robar o a cometer algún crimen.

Cuando los malos saben que la gente de bien está desarmada, porque la ley así lo ordena, tienen el camino libre para atacar a los buenos. Pero, además, la situación no es solo la dificultad que enfrentamos los buenos para armarnos legalmente, sino también que hay todo un marco jurídico que parece creado para proteger a los malandros.

Si algún ciudadano, intentando evitar los comunes robos en los semáforos, atropella al ladrón, en la mayoría de países de Latinoamérica termina metido en un problema. Si le dispara al malandro que entra a su casa a robar, también tendrá que pasar por interminables trámites legales y es bastante probable que sea encarcelado. Las leyes desarman a los buenos, que son los que acatan las reglas, pero además defienden a los malos y pisotean el derecho natural a la defensa propia.

Dentro del plan de gobierno de Jair Bolsonaro, en Brasil, está crear toda una coraza jurídica para proteger legalmente a quien defiende su propiedad o la de terceros. Y en ese sentido precisamente es en el que hay que avanzar, es una humillación y una sentencia de esclavitud que se castigue a quien se defiende. En este momento, es casi toda la región, los buenos estamos desarmados, pero, además, si intentamos defendernos somos castigados por el Estado.

Ahora bien, las medidas que toman los políticos como Iván Duque, supuestamente para proteger a la gente de bien, no es que sean insuficientes ¡son ridículas y contraproducentes! Prohibir el porte de armas no evitará que los malandros dejen de tenerlas, son delincuentes, si están dispuestos a infringir la ley para robar y matar, ¿no lo van a hacer para conseguir un arma?

No creo que sean muchos los criminales que al ver que está prohibido el porte de armas desistan de cometer su delito. Cuál cree usted que es la probabilidad de que un hombre que quiere robar, matar o violar, diga: no lo haré porque el porte de armas es ilegal. Eso no ocurre...

Lo que sí ocurre es que cuando los políticos prohíben las armas, los delincuentes saben que pueden hacer sus fechorías libremente porque la gente de bien no tiene cómo defenderse. Por ejemplo, no es casualidad que todas las masacres que han ocurrido en la historia de los Estados Unidos han sido perpetradas en lugares "gun free". Cuando

criminales han intentado atacar en sitios donde la población está dotada de armas no han tenido éxito.

Para terminar, me gustaría recordarle a quienes creen que el libre porte de armas hace más violenta a una sociedad que hay lugares como Suiza, Islandia, Israel, en los que la población está fuertemente armada, y la tasa de homicidios es de las más bajas. Los delincuentes saben que sus malas acciones probablemente tendrán consecuencias.

En EE. UU. se puede encontrar estados y ciudades en los que comprar armas es muy fácil y los niveles de homicidio son bajísimos. Incluso está la increíble historia de Kennesaw, ciudad del estado de Georgia, donde antes de 1982 los niveles de violencia eran muy elevados, motivo por el cual las autoridades decidieron establecer una ley según la cual todos los hogares deben tener un arma.

El resultado de tal medida, contrario a lo que muchos progresistas, -y en Colombia incluso miembros del Centro Democrático creerían-, fue una dramática caída de la tasa de crímenes que en la actualidad continúa siendo una de las más bajas de todo el país.

Mientras tanto, resulta que la propuesta estrella de los políticos de prohibir las armas no tiene ningún resultado, en México está prohibidas las armas y es un país supremamente violento, igual que Nicaragua, El Salvador, etc.

Ni en Colombia, ni en ningún lugar del mundo, la prohibición de armas de fuego hace que el delincuente desista de cometer el crimen, si así fuera todos los países en donde se prohíben las armas serían lugares pacíficos. Pero más sencillo aún, si los delincuentes siguieran las normas, no habría asesinatos.

Mientras tanto, en lugares donde hay violencia, como ocurría en Kennesaw, permitir a los buenos que se armen no solo es lo correcto, porque cada quien debe tener derecho a defenderse, sino que es efectivo.

Quisiera ver si alguien se atreve a atacarme en una situación hipotética en la que el gobierno de Iván Duque haya entendido algo tan básico y pueda caminar por las calles de Colombia con una pistola en la cintura como lo pueden hacer los texanos.

---

https://es.panampost.com/vanessa-araujo/2018/12/27/los-buenos-armas/?cn-reloaded=1

La opinión de los historiadores

¿Cuáles son los verdaderos problemas en el debate sobre el control de armas de los Estados Unidos?

Un juez federal de los Estados Unidos ha bloqueado la liberación de software que permite a los consumidores imprimir armas de fuego en 3D, en medio de temores de que las armas imposibles de rastrear son un riesgo para la seguridad y que los planos podrían caer en las manos equivocadas. Aquí, en un artículo publicado por primera vez en diciembre de 2015 a raíz de un tiroteo masivo en una Universidad de Oregón, dos expertos exploran la historia del debate sobre el control de armas, examinando las preocupaciones subyacentes que alimentan a ambos lados... (1 de agosto de 2018 a las 8:00 AM)

"El enfoque del debate legal ha cambiado con el tiempo"

(Joyce Lee Malcolm es profesor Patrick Henry de derecho constitucional y la Segunda Enmienda en la Universidad George Mason, Virginia).

Las ideas americanas del derecho a portar armas, incorporadas a la Constitución de los Estados Unidos y debatidas desde entonces, se originaron, en gran parte, de las tradiciones del derecho inglés. La segunda enmienda de la Constitución de los Estados Unidos, que afirma el derecho de los norteamericanos a ser armadas, es un legado del derecho de los ingleses a "tener armas para su defensa". Ese derecho inglés, consagrado en el proyecto de ley de derechos de los ingleses de 1689, sin embargo, se limitó a "los sujetos que son protestantes" – en ese momento, a un 90% de la población – y a esas armas "adecuadas a su condición y según lo permitido por la ley". A pesar de estos calificadores, el derecho inglés de guardar y transportar armas de fuego

fue virtualmente desenfrenado hasta la ley de armas de fuego de 1920.

La Segunda Enmienda de los Estados Unidos, por el contrario, no tiene limitaciones religiosas, de clase o legislativas. Se refiere a la necesidad de una milicia ciudadana como una razón para el derecho, entonces declara: "el derecho del pueblo a guardar y portar armas, no se infringirá." Esta garantía no calificada está arraigada en la Constitución de la nación. En dos decisiones históricas recientes, la Corte Suprema de Estados Unidos ha afirmado que la enmienda protege el derecho de una persona a poseer armas para la defensa propia.

Sin embargo, el enfoque del debate legal ha cambiado con el tiempo. Ahora tendemos a subjugar el doble propósito del derecho de los individuos a ser armados- defensa propia y defensa contra un gobierno tiránico-subrayando sólo la defensa propia. El gran jurista inglés William Blackstone, escribiendo a finales del siglo 18, describió el derecho como "una asignación Publick bajo restricciones debidas, del derecho natural de la resistencia y la auto preservación, cuando las sanciones de la sociedad y las leyes se encuentran insuficientes para frenar la violencia de la opresión ".

La batalla por la Constitución de los Estados Unidos: cómo la 14ª Enmienda está amenazada:

Los gobiernos modernos son, por supuesto, hostiles a la idea de un público armado listo para resistir, y la mayoría de la gente cree que un público con armas de fuego estándar sería inútil contra un ejército bien equipado. Sin embargo, hay muchos ejemplos de gobiernos que desarma a sus ciudadanos con el fin de reprimirlos, y de ciudadanos armados que ponen una resistencia rígida. Como señala Alex Kozinski, un juez federal estadounidense: "la segunda enmienda es una disposición del juicio final, una diseñada para aquellas circunstancias excepcionalmente raras en las que todos los demás derechos han fracasado – donde el

gobierno se niega a soportar reelección y silencia a los que protestan; donde los tribunales han perdido el coraje de oponerse, o no pueden encontrar a nadie para hacer cumplir sus decretos. Por muy improbable que parezcan estas contingencias hoy en día, enfrentarse a ellos sin preparar es un error que una gente libre puede hacer sólo una vez. "

El debate público y político de hoy sobre el control de armas se centra en la cuestión de los actos de violencia individuales, mientras que en el pasado hubo más énfasis en la ansiedad sobre los grupos que poseen armas. A principios del siglo 20, la legislación estatal se centró en mantener las armas de fuego de las manos de los afroamericanos en el sur, y las olas de inmigrantes de Europa oriental y meridional que entran en el país en el norte.

Sin embargo, en los últimos años, con una tasa de asesinatos nacional que ha estado disminuyendo durante más de dos décadas, el enfoque ha sido mantener las armas fuera de las manos de las personas que probablemente cometan asesinatos masivos. La mayoría de los Estados Americanos – unos 43 hasta la fecha – han llegado a ser mucho más permisivos con respecto a la concesión de licencias a ciudadanos respetuosos con la ley para llevar armas de fuego ocultas para su propia protección y en caso de tal ataque.

"La política del control de armas se ha vuelto compleja y políticamente tóxica"

(Dra. Emma Long, profesora de la Universidad de East Anglia)

En la mayoría de los casos, los debates sobre el control de armas en los Estados Unidos han seguido períodos de violencia. La prohibición y la masacre del día de San Valentín 1929, en particular, llevaron al primer intento serio del Congreso de regular las armas de fuego: la ley nacional de armas de fuego 1934, gravando y regulándose la propiedad de ciertas armas. Los asesinatos de John F

Kennedy, Robert Kennedy y Martin Luther King condujeron a la ley de control de armas de 1968, y el pico de la violencia urbana en las ciudades americanas en la década de 1980 proporcionó el telón de fondo de la ley de protección contra la violencia de armas de mano de Brady 1993 y la 1994 Prohibición Federal de Armas de Asalto. Los principales debates también ocurrieron después del tiroteo en la escuela 1999 en Columbine, y los tiroteos en Virginia Tech en 2007, Fort Hood en 2009, y Aurora y Sandy Hook en 2012.

Sin embargo, el debate no ha conducido a la acción. Esto es, en gran parte, el resultado del hecho de que la política de control de armas se ha vuelto tan enredado, compleja y políticamente tóxica que ahora es imposible obtener el consenso necesario para aprobar la legislación. También es importante recordar que el control de armas es un problema estatal, así como un problema federal. La falta de acción a nivel federal no significa la inacción a nivel estatal, ya que el actual mosaico de las leyes estatales de Estados Unidos en relación con las armas testifica.

El debate sobre los derechos de armas versus el control de armas en los Estados Unidos aborda una amplia gama de cuestiones culturales y políticas que van mucho más allá de la cuestión del acceso a las armas de fuego. La visión popular de la Revolución Americana sostiene que los colonos lucharon contra los británicos por la libertad y la liberación, y contra la tiranía. La Constitución y la carta de derechos de los Estados Unidos se diseñaron para reforzar estos objetivos. El vínculo con la fundación de la nación es importante porque implica que cualquier ataque a los principios establecidos por la revolución es un ataque a los propios Estados Unidos, lo que significa que los partidarios del control de armas tienen que defenderse contra las acusaciones de antiamericanismo antes de incluso pueden llegar a sus argumentos básicos. En muchos sentidos, el debate sobre las armas de fuego es un debate sobre el significado mismo de los Estados Unidos.

Para muchos estadounidenses, la cuestión es también una de la libertad del control gubernamental. La Constitución encarna la idea de que el gobierno debe ser pequeño y limitado. Esa fue una descripción razonable del gobierno federal durante la mayor parte del siglo 20 hasta que las exigencias del nuevo acuerdo y la segunda guerra mundial vieron el flujo de poder al centro, donde permaneció como resultado de la guerra fría. Para aquellos que creen que el gobierno es demasiado grande, la interferencia en la posesión de armas es simplemente más evidencia de una autoridad global que interfiere con el poder del ciudadano ordinario.

Los partidarios de los derechos de armas argumentan que, dado que las estadísticas no demuestran que el control de armas reduce el crimen de armas (un argumento refutado por los defensores del control de armas), el gobierno no tiene razón suficiente para interferir en los derechos constitucionalmente protegidos de la ley que respetan ciudadanos americanos. En oposición, los partidarios del control de armas argumentan que la Constitución también encarna el deber del gobierno de garantizar la seguridad de sus ciudadanos. Así el debate sobre las armas de fuego es también un debate sobre el papel del gobierno en la vida estadounidense.

https://historyextra.com/period/modern/us-gun-control-debate-issues-explained-arguments-america-law-history/

Link del Ebook:

https://docdro.id/SI8XJ9f

Biografía y obra de Milco Baute

Milco Baute: Escritor, editor, y profesor cubano americano.

Comenzó a escribir artículos desde 1992. El 10 de diciembre de 1995 se muda a los Estados Unidos y en el año 2001 se convierte en ciudadano americano. Estudió Filosofía en un curso online de la Universidad de Edinburgh del Reino Unido graduándose en 2016.

Desde el 2008 hasta el 2017 ha publicado más de 20 libros en inglés y español. Tiene su propia editorial donde escribe, publica y distribuye para otros autores. Graduado como técnico de Sistema de Energía Eléctrica en Cuba, profesión que ejerció por más de 20 años.

LIBROS DE MILCO BAUTE:

- El camino hacia la Libertad Financiera.
- ¿Cómo hacer crecer mi congregación?
- Frases, Expresiones y Proverbios para la Vida.
- Quotes, Expressions and Proverbs for Life.
- Lo que ellos no quieren que sepas.
- A mis hijos.
- ¿Por qué Donald Trump?
- Why Donald Trump?
- Los logros de la administración Trump en su primer año.
- MET 16 Preparando Electricistas.
- Racismo en América.
- Comunismo en América.
- Fascismo en América.
- Conceptos.
- La Izquierda Americana en sus tres fases.
- ¿Por quién he de votar?
- Democrats vs Republicans
- Negocios lucrativos no convencionales.

- Reflexiones de Milco Baute.
- La maldición de las calumnias
- El Globalismo y el Nuevo Orden Mundial
- En busca de la Libertad Financiera
- Se libre financieramente desde hoy
- Entendiendo a Donald Trump
- Entendiendo a Dios.
- Entendiéndonos a nosotros mismos.
- Masacres fabricadas y el desarme de la población.
- Agenda de Despoblación.
- Daniel 8:23.
- El caso Cuba y el síndrome de Estocolmo.